非现场审计模式研究

张晓毅 著

中国商业出版社

图书在版编目（CIP）数据

非现场审计模式研究 / 张晓毅著. -- 北京：
中国商业出版社，2023.7

ISBN 978-7-5208-2539-9

Ⅰ. ①非… Ⅱ. ①张… Ⅲ. ①计算机应用－审计
－研究－中国 Ⅳ. ①F239.22-39

中国国家版本馆 CIP 数据核字（2023）第 125323 号

责任编辑：李　飞
（策划编辑：蔡　凯）

中国商业出版社出版发行
（www.zgsycb.com　100053　北京广安门内报国寺 1 号）
总编室：010-63180647　编辑室：010-83114579
发行部：010-83120835/8286
新华书店经销
安徽中皖佰朗印务有限公司印刷

787 毫米 ×1092 毫米　16 开　10.75 印张　228 千字
2023 年 7 月 第 1 版　2023 年 7 月 第 1 次印刷
定价：58.00 元
* * * *
（如有印装质量问题可更换）

作者简介

张晓毅，男，安徽太湖人，1964 一，1991 毕业于江西财经大学。现铜陵学院会计学院副教授，审计教研室主任。安徽省审计学会理事，企业审计委员主任委员，安徽省内部审计协会学术委员会委员。主要研究方向：审计理论与实务、内部控制理论与实务，会计信息化等。校内长期从事教学工作，主要讲授《审计学》、《企业内部控制》、《审计学案例》、《计算机审计》等课程。在省级以上期刊发表论文近 15 篇，主持或参加省级以上课题 6 项，主编规划教材《审计学》及其他教材 8 部。校外，主要从事安徽地区企业、税务部门、政府部门的企业会计准则、政府会计准则、企业内部控制及行政事业单位的内部控制等制度的培训。

前　言

随着企业财务信息化水平的不断提高，审计工作的信息化已刻不容缓。非现场审计理念的形成、发展及其运用，是计算机信息技术与审计业务不断渗透融合的产物。非现场审计是审计人员不断收集、整理被审计单位经营管理的数据和资料，并运用适当的方法和流程进行分析的远程审计程序。它是在现代信息处理和传输模式下，迅速发展起来的一种审计监督方式，针对这种情况，加强非现场审计势在必行。

随着内部审计的不断探索和实践，非现场分析质量得到了很大程度的提升，但是仍然不可避免地存在一些问题，尤其是面临大数据和信息技术飞速发展的时代，如何提高非现场的检查手段和质量迫在眉睫。本书主要研究非现场审计模式。首先，从相关基础理论介绍入手，针对审计概述、审计计划、审计方法变革、非现场审计模式与演进进行了分析；其次，对非现场审计模式的大数据采集、非现场审计模式的风险与保障以及非现场审计模式与云计算的融入做了简要介绍；最后，剖析了非现场审计模式在保险业的应用、在金融业的应用及在财税审计中的应用等内容。本研究旨在摸索出一条适合非现场审计的科学道路，帮助其工作者在应用中少走弯路，运用科学方法，提高审计效率，希望对非现场审计相关人员有一定的借鉴意义。

在本书的写作过程中，参阅了国内外有关的大量文献和资料，并从中得到了启示；同时，也得到了有关领导、同事、朋友及学生的大力支持与帮助。在此表示衷心的感谢！由于编者学识水平和时间有限，书中难免存在缺点和不足，敬请同行专家及读者批评指正，以便进一步完善提高。

目录

第一章 相关基础理论

第一节 审计概述

一、审计的概念与保证程度

（一）审计的定义

审计是对资料作出证据搜集及分析，以评估企业财务状况，然后就资料及一般公认准则之间的相关程度作出结论及报告。进行审计的人员必需有独立性及具相关专业知识。审计是一项独立性的经济监督活动。由国家授权或接受委托的专职机构和人员，依照国家法规、审计准则和会计理论，运用专门的方法，对被审计单位的财政、财务收支、经营管理活动及其相关资料的真实性、正确性、合规性、合法性进行审查和监督，评价经济责任，鉴证经济业务，用以维护财经法纪、改善经营管理、提高经济效益的一项独立性的经济监督活动。

（二）合理保证与有限保证

鉴证业务是指注册会计师对鉴证对象信息提出结论，以增强除责任方之外的预期使用者对鉴证对象信息信任程度的业务。鉴证对象信息是按照标准对鉴证对象进行评价和计量的结果。鉴证业务涉及三方关系人，即注册会计师、责任方和预期使用者。责任方与预期使用者可能是同一方，也可能不是同一方。责任方可能是鉴证业务的委托人，也可能不是委托人。

鉴证业务的保证程度可划分为合理保证与有限保证两种，审计是合理保证鉴证业务，注册会计师要把审计工作的风险降至审计业务背景下能够接受的程度，从而更为积极地提出一些审计的建议。在财务报表审计工作开展过程中，需要注册会计师将审计的风险不断降至自身能够接受的水平，这样才能让审计以后的财务报表具有良好的保障，而在做审计报告的时候，针对财务报表，可以运用积极的方式获得结论。这对于财务报表审阅工作而言，需要注册会计师把审阅风险不断降低，在审阅业务环境能够接受的状态下，也就是对于财务报表审计能够接受的低水平而言更高，对于审阅之后的财务报表也要确保具有基础保证，而在审阅报告里的财务报表需要运用消极的形式获得结论。

二、审计要素

（一）审计业务的三方关系

三方关系人分别由注册会计师和被审计单位以及财务报表使用人员共同构成，注册会计师，需要对被审计单位的管理人员，负责为其财务报表审计提出建议，从而提升除管理工作者之外的预期使用者，针对财务报表的信赖度，因为财务报表是让审计部门的管理人员负责的，所以注册会计师的审计建议就是给管理层之外的人员提供的。在一定程度上管理人员以及预期使用者可能在同一个企业内工作，而这并不能说明二者完全等同。例如在某个企业中，既有董事会也有监事会，而监事会则需要针对董事会以及管理人员所负责编制的财务报表进行监督与检查。由于审计建议能够提升财务报表工作的可信度，因此针对管理层而言更有效率。在这一环境下，管理人员也是属于预期使用者之一，然而并不是唯一的预期使用者，比如管理人员在财务报告的预期过程中需要运用，然而除了管理层人员以外，预期使用者还包含企业内部的股东以及债权人等，所以第三方关系的判断是对业务审计以及鉴证的重要核心依据之一，一旦业务没有除了责任方之外的其他预期使用者，那么这项业务就不是审计业务以及鉴证业务了。

1. 注册会计师

注册会计师是指拥有注册会计师证书，并且能够在会计师事务所从业的相关执业人员。一般情况下说的是项目合伙人以及项目组成员，还可以说会计师事务所。而依照审计要求针对财务报表的审计建议进行发送也是会计师的工作职责，为了履行职责，注册会计师要按照职业道德要求，依照与审计要求以及相应的规划开展审计工作，确保审计证据更加充分，并且要确保自身的审计证据获取更加合理，给出合理的建议以及最终结论，发表自己的见解。注册会计师是需要签署审计报告责任书的，一旦审计业务上特殊知识和能力超出了注册会计师的工作范围就需要让其他专家来协助共同开展审计工作，在这一环境下会计师就应该确保专家在内的项目组能够拥有对于这一审计业务进行执行的知识与能力，并且尽可能地在项目审计业务中学习了解专家开展的工作项目内容。

2. 被审计单位管理层（责任方）

责任方是指负责财务报表的相关组织人员，也就是审计单位的管理人员。总管理层的含义是指审计单位在日常经营活动中的负责人，一些审计单位里的管理层，包括所有的治理层成员，列入管理层之中负责经营管理的人员以及参与日常经营管理的业主。而治理层的含义则是审计单位以及管理层进行经营管理职责及负责与监督的人员或者组织治理层的主要工作，就是对于财务报告过程进行监督，而在一些被审计的部门治理层包含管理层，例如治理层里包括经营负责管理工作者以及业主兼经理。和管理层与治理层责任相关的执行审计工作开展的前提就是要让管理层与治理层都能够认可这一工作，并且承担其自身的工作职责，共同构建注册会计师，依照审计标准执行审计工作的基础，首先按照财务报表的编制基础编制财务报表，并且要确保适用。其次针对内部控制系统进行设计与维护，确保财务报表不会出现重大错误以及舞弊等各种问题。最后给注册会计师提供相应的工作环境，包含注册会计师所接触的和财务报表相关的信息内容以及文件，并且给注册会计师提供审计工作需要的各种信息，让注册会计师在获取相关证据时，不会受到内部其他人员的干扰。

财务报表审计工作，并不能降低管理人员以及治理人员的工作责任，也不能降低财务报告编制以及财务报表工作责任。审计属于财务信息的不同工作环节，而相应的法律要求管理人员，以及治理工作者针对财务报表担负责任，从源头上确保财务信息质量。与此同时，注册会计师和管理者以及治理者之间可能会出现信息不对等的问题，所以管理层被审计部门人员对企业状况的了解程度更高，因此也能做出与企业特征相匹配的会计处理，所以管理层与治理层人员也要对于财务报表编制发挥自身的作用。虽然在审计工作开展过程中，注册会计师可能会给管理层以及治理层提出一些建议，然而如果在没有违反独立性的环境下，给管理层的财务报表编制提供帮助，但是管理层仍旧针对财务报表承担相应的责任，并且通过签署财务报表确认这一责任，一旦财务报表出现重大的失误以及错误而注册会计师在审计工作中没有及时得知，并且也不能由于财务报表已经被注册会计师所审计而降低管理层以及治理层针对财务报表的责任。

3. 预期使用者

预期使用者是指预计运用审计报告以及财务报表的相关组织和人员。而审计业务，主要就是给使用者提供服务，并且满足特殊目的的注册会计师能够迅速地识别预期使用者。例如企业向银行贷款时，银行需要让企业提供自身的财务状况报表，而银行就是对审计报告进行使用的预期使用者，注册会计师有可能不能辨别使用审计报告的所有人员，尤其是在各种预期使用者针对财务报表存在不同的利益需求时，所以预期使用者主要指的是对财务报表拥有共同利益的相关者。比如上市公司的财务报表，在审计工作开展过程中，预期使用者是指上市公司的股东，而注册会计师需要按照相应的法律法规和委托人签订协议，并且及时识别出预期使用者。

审计报告的收件人要尽可能地明确所有的预期使用者，然而在实物往来过程中这一点很难完成。主要原因就是因为审计报告并不是单独地向某个组织以及个人提供，然而这些组织以及个人都可能会运用到审计报告，比如注册会计师给上市公司提供财务报表审计工作，而审计报告的收件人是某某股份的全体股东，然而除了股东之外，公司债权人以及债券机构等也都需要成为预期使用者。

（二）财务报表（鉴证对象信息）

鉴证对象的匹配度以及会计师是否能够将业务当作审计业务，是其他鉴证业务开展的前提条件，而在工作开展过程中，鉴证对象属于历史财务状况以及业务情况的鉴证对象信息，也就是财务报表。财务报表的定义就是按照某个财务报告所指出的，基于审计单位的历史财务信息进行的总结性表述，包含相关附注，主要目标就是在某个时间段的经济资源以及业务或者某一个阶段的经济资源以及业务出现的转变，相关附注的含义一般是会计政策概要以及相应的解释性信息。财务报表一般情况下是指整个财务报表系统，有时也是单一的财务报表。整个财务报表系统的形成，应该根据相应的财务报表编制的基础规定开展。

（三）财务报表编制基础（标准）

标准是指使用评价以及计量鉴证对象的基准，并且对于列报进行设计时的基准，而标准属于审计业务以及鉴证业务中不可缺少的元素。使用职业判断，针对鉴证对象做出相应的评价，都需要运用有关的标准。如果缺乏标准的引导，那么个人的解释可能会出现误解，从而直接影响最终结论的形成，这样就会导致结论的可信性不足，因此也可以理解为标准是针对鉴证对象进行度量的一个依据，而责任方与注册会计师都可以依照这个依据，针对鉴证对象进行度量。注册会计师在使用自身的职业判断，针对鉴证对象的合理度进行评判时，也需要运用相应的标准，而在财务报表审计过程中，财务报告编制的基础就是标准，运用财务报告编制的基础就是指使用法律法规所允许的财务报告编制基础或者管理人员以及治理者，在财务报表编制时，针对审计单位性质以及目标来说，使用能够接受财务报告的编制基础。

匹配目的编制基础的含义，就是说在能够使报表使用者的财务信息需求得以满足的基础上所开展的财务报告编制基础，主要指的是会计准则与会计制度。而特殊目的编制基础的含义是说能够匹配财务报表特定使用人员针对财务信息需求的财务报告编制技术，包含计税核算基础以及监管机构报告等。

（四）审计证据

注册会计师是针对财务报表合理度进行保障的，其根本就是要在运用充分的依据的基础之上，对于财务进行审计，而审计证据的含义是指注册会计师为了确保自身得出的结论更加准确，从而使用在各项信息工作中。审计证据在性质上拥有累积度，主要的含义就是说在审计时运用相应的审计程序能够获取的信息，但是审计证据还包括其他来源的信息，比如之前审计中掌握的信息内容，以及会计师事务所能够接受和客户以及业务形成实质质量控制程序从而获得的信息，除了根据被审计部门内部的信息来源以及外部信息来源了解信息内容之外，会议记录也属于审计证据的重要信息来源之一。与此同时，被审计部门的雇用以及聘请专家编制的信息也属于审计证据，而审计证据既包含支撑以及佐证管理人员的认定信息，也包含和这些认定信息不相符的信息，在一定程度上信息不足也能够形成审计证据，让注册会计师运用在构成审计建议的时候，注册会计师的绝大部分工作都是获取以及评价审计证据。

审计证据的充分度与适当性具有联系充分性的含义，就是针对审计证据数量的衡量，而注册会计师需要了解的审计证据数量，会由于较为严重的错报风险评估而产生影响，并且也会由于审计证据的质量而产生影响。但是注册会计师单单运用各种审计证据，并不能弥补质量上存在的问题，审计证据的适当性也是对审计证据质量的一种衡量依据。也就是说审计证据在匹配审计建议所提出的结论上拥有相关度与可靠度，而审计证据的可靠度，会由于其他来源以及性质产生影响，并且会直接影响到审计证据最终的运用环境。因为不同来源与性质的证据能够证明同一个认定，所以注册会计师也可以搜索了解证据的成本以及获取信息之间的相关联系，这样不但能够让获取证据的困难以及成本减少，而且也是无可替代的一种途径。在评价证据充分度以及适当性的鉴证报告支撑时，注册会计师也要使用自身的职业判断，并且保持良好的职业怀疑态度。

（五）审计报告

注册会计师需要依照财务报表针对所有重要内容匹配度上的财务报表编制基础进行审核，并且以书面报告的形式发表，这样就能够极大程度上确保自身提出的意见更加合理。除了审计准则规定之外的注册会计师针对财务报表开展的审计报告责任以外，有关的法律法规也会针对注册会计师进行其他的报告责任描写。一旦注册会计师针对财务报表产生了实际的审计报告，并且也履行了其余的职责，那么在审计报告里就要把它单独看作一部分构成，并且依照相应的法律法规，要求报告的事项作为标题。

三、审计目标

（一）审计的总体目标

1. 在执行财务报表审计工作时，注册会计师的总体目标

首先，面对财务报表的整体，有没有存在重大错误以及不真实现象获得合理保障，这样能够让注册会计师针对财务报表的各项关键地方运用财务报告编制基础进行编制，从而发表自身的审计意见。其次，依照与审计要求的相关规定，按照审计结果针对财务报表，直接形成审计报告，并且和管理人员与治理层进行沟通交流，而注册会计师也要按照审计标准的规定，直接出具不能阐述意见的审计报告，尤其是针对在法律允许范围之内的终止审计业务以及解除业务的规定。注册会计师有没有依照审计标准开展审计工作，是由注册会计师在实际工作开展过程中的审计程序所决定的，因此了解审计证据的充分性，以及按照实际工作目标，针对审计证据的评价结果也可以出具审计报告。审计准则属于一个整体，给注册会计师的实际审计工作开展目标实现，提供了相应的依据审计准则，也让注册会计师规范了自身的工作职责，并且在实际履行职责过程中考虑到不同的审计准则以及规范内容和适用范围，在审计工作开展的时候，除了需要遵循审计规则外，注册会计师还需要遵循其他的法律法规规定。不同的审计准则包含了总则，以及定义和要求等各种内容，而总则主要就是提供以及认知与准则相关的背景资料，不同的审计准则，还有相应的应用指南，而不同的审计准则在应用指南之中的全体内容，都会理解这项准则之中的相关表述目标，以及恰当地运用这个准则的要求。具有关联应用指南对于审计准则的要求进行了二次分析，并且阐述了如何执行这些要求针对审计指南里

的相关事项背景资料，能够更加明确地解释审计准则之中的要求，并且了解其含义以及当前的现状。通过举例子的方式说明实际应用的情况程序，而应用指南自身并不是单纯地对注册会计师所提出的要求，但是却和执行审计准则以及对注册会计师提出的要求具有关联。

2. 审计准则的总则的说明事项

审计准则是把定义作为标题的主要途径，用来探究审计准则之中不同术语的含义。而对这些含义的了解，也能够帮助我们认知审计准则的运用途径，在加深理解的同时也能够突破法律法规，以及其他目标对于术语所给出的定义。

3. 每项审计准则规定目标的作用

首先，不同的审计准则之中包含着多个目标，而通过这些目标的制定就能够让审计准则的相关需求以及会计师的整体工作目标产生联系，来确定不同审计准则的相关目标。主要核心就是让注册会计师对于每一项审计工作开展制定相应的预期成果。而这些目标较为具体，运用恰当的方法。能够促进注册会计师认知自身所需要完成的工作内容，并且在必要的时候还可以促进工作的完成。其次，在确定实际审计业务背景之下，考虑是否需要完成更多的工作目标，而注册会计师也要对于每一项的审计准则之中的目标与总体目标形成联系。注册会计师要真正地考虑这些目标的运用能不能有效地提升审计程序的流畅度，审计准则的根本要求是注册会计师在实现审计准则所规定目标的同时，也要对注册会计师自身工作总体目标进行完成，所以注册会计师一定要恰当地运用审计标准的要求预期，给自身的目标实现打下坚实的基础。然而，不同的审计业务的实际状况存在较大的差异，并且所有的工作开展不可能完全按照审计准则进行。因此注册会计师就需要针对运用的审计程序匹配准则的要求，促进工作目标达成。针对某一项业务开展过程中容易产生的一些特定的事务，也要求注册会计师开展审计准则要求以外的审计程序，这样才能促进审计准则目标的实现。

4. 注册会计师可以采取的其他措施

在注册会计师整体工作目标背景下，注册会计师需要运用各种审计目标，对自身工作进行评价，从而了解是否获得良好的审计证据，一旦按照评价的结果认为并没有获得良好的审计证据，那么就会让注册会计师开展下列这些行为。首先就是评价运用遵守会计准则的基础之上，有没有进一步获取相应的审计证据。其次就是在对于某一项或者多项的审计准则进行执行的时候，对于自身的审计工作范围进行增加。最后是开展注册会计师，按照实际状况所需要运用到的其他程序。而如果通过这些措施的制定，发现并不可行或者不能实施，那么注册会计师也就不能获取较为充分的审计证据。在这一背景下，审计准则就需要注册会计师完成审计报告，并且拓展业务影响力。

（二）认定

1. 认定的含义

认定是指管理人员在财务报表中需要做出的较为明确的表现。而注册会计师可以把可能产生的各种不同类型的潜在错报问题全部整理在一起，认定和审计目标之间具有密切关联注册会计师的基础职责，就是要确定被审计管理工作人员针对于财务报表的认定准确度以及注册会计师认知的认定。由于不同目标的实际审计目标而出现变化，需要我们用所可能产生潜在错报的问题以及注册会计师使用认定评估风险。对于这个审计程序进行设计从而更好地去应对评估的风险，在管理层发表声明，说明财务报表已经能够匹配于财务报告编制基础编制的时候，那么就需要针对一些重大问题彰显出财务报表，不同要素在管理人员负责背景下的确认以及计量等，管理人员财务报表认定过程中需要明确，而还有一些则需要隐性表达。

2. 与列报和披露相关的认定

不同的交易以及账户余额的认定准确度只是为了后续的列报正确打好基础，而财务报表也可能会由于审计单位自身存在的错误以及舞弊现象而形成错报，除此之外还可能由于审计单位并没有依照相应的要求去对财务报表进行设置，从而出现错报。所以即便是注册会计师已经审计了账户余额以及各种交易行为，并且确定交易以及账户余额的审计目标，也并不能说明就能够获取财务报表的相关审计建议，以及恰当的审计证据。注册会计师还要针对不同类型的交易，以及账户余额和相关事件在财务报表列报之中的准确度进行审计。

（三）具体审计目标

1. 与所审计期间各类交易和事项相关的审计目标

（1）发生

因为行程认定推导的审计是为了确定已经记录的交易保持真实度，比如一旦没有形成销售交易，然而销售记录中却有这一笔销售，那么就是违背了这个目标。而发生认定需要解决的实际问题，就是管理层能不能把一些没有发生的事情归入财务报表中，主要是针对于财务报表构成要素被高估具有关联。

（2）完整性

因为完整性认知推导的审计目标，能够确定已经产生的交易记录情况，例如一旦出现了销售交易，然而却没有归入在细账以及总账中，对于销售情况进行记录，那么也是违反了目标。发生以及完整度更为关注的是相反的关注点，然而出现目标潜在的高估也会导致完整性目标出现漏记交易。

（3）准确性

通过准确性认知，能够帮助我们了解审计目标，确定是否已经记录的交易，有没有按照实际的金额去反馈。例如在交易销售过程中出现的商品数量和账单之上出现了不符，或者是在开账单的时候发现销售价格出现错误以及账单之中的乘积，加在一起出现了错误，或者是在销售记账的时候出现了错误，都是对于这个目标的违背。准确性和完整性之间具有较大的差异，比如已经记录完成的销售交易不能当作记录商品，而即便发票的金额保持准确计算，但仍旧是对于发生目标进行的违背。又如，如果已经入账的销售交易是对于正确的商品形成的记录，然而金额如果计算错误，那么就与准确性目标相悖，没有形成违规发生目标，而完整性和准确性之间具有相同的关系。

2. 与列报和披露相关的审计目标

（1）发生以及权利和义务

把没有形成的交易以及事情被审计部门无关的交易以及事项全部包含在内的财务报表里就违反了目标。例如对于董事会的会议记录进行复核，了解了实际的固定资产抵押状况。而了解管理层固定资产抵押状况，就是针对权利的认知与运用以单位审计单位，有的被抵押的固定资产，这些都需要在报表中直接呈现出来，并且说明与其相关的权利所受到的限制。

（2）分类和可理解性

财务信息可以被恰当地列报以及描述，并且整体内容较为清晰。例如检查存货的类别是否披露，以及近年来的长期负债有没有变成流动负债，这些都是对于列报的分类以及可认知的运用。

四、审计过程

（一）接受业务委托

会计师事务所需要依照相应的职业规范与标准恰当地决策，是否要接受以及保持和某个客户之间的关系，以及实际开展的审计事务。在对于全新的客户业务进行接收之前，一定要首先确认现有的业务是否会受到影响，以及考虑针对于已有客户出现全新业务的时候是否能够接受。会计师事务所也需要执行与客户相关的相应程序，从而获取下列信息，首先就是考虑到客户的诚信程度，没有信息能够说明客户诚信不足。其次就是拥有执行业务时所需要掌握的素养以及专业能力与时间资源等。最后是要遵守自身的职业道德规范，会计师事务所所开展的客户能够接受以及保持的程序目标，都是为了帮助会计师更好地识别以及分析财务可能出现的风险问题。例如一旦注册会计师发现一些客户正存在财务风险以及困难问题，或者是另外一些风险问题。客户在财务工作之中产生了虚假陈述，那么他们就可以认定这个客户的风险程度比较高，因此是不能接受这一类型客户的会计师事务工作。开展过程之中。除了需要对于客户风险情况进行分析之外，还要去思索自身的执行业务能力，比如在工作中需要某项能力的时候，是否能够找到匹配于这项能力要求的相应的员工，以及能否开展专业化的协助工作，容不容易与其他利益方形成利益冲突，以及和客户之间是否能够确保独立性等。

注册会计师需要针对相应的重要决策去进行研究与制定，首先就是接受以及保持顾客针对低质量的角色而言，并不能确定准确的计酬时间以及没有支付的费用内容。而增加项目合伙人以及员工的工作压力，就会导致会计师事务所自身的声誉受到极大的损失，或者出现一些潜在的诉讼问题。一旦确定了接受业务委托会计师事务所的会计师，就要和客户针对与审计相关的条款形成一致的建议。连续审计工作开展过程中的会计师事务所的会计师，也要依照对实际的工作情况的了解，判断需不需要对于业务的相关条款进行修改，以及有没有要提醒客户关注的已有的业务约定书等。

（二）计划审计工作

计划审计工作较为关键。一旦缺乏合理的审计计划，不但不能够了解到恰当的审计证据，还会直接影响审计目标，最终实施还会导致有限的审计资源被浪费，直接影响到审计工作开展的实际效率。因此在开展各项审计工作时，注册会计师在实际执行审计程序、工作开展之前都需要依照于实际情况去自主制订出更加科学且合理的计划，让审计业务运用的方式更加合理，并且提升审计工作开展效率。通常情况下计划审计工作的内容主要由以下几点构成：首先就是针对这一期间的审计业务，在开始阶段的初步业务活动准备阶段。其次是制定出整体的审计工作开展策略。最后是按照审计工作的情况去制订计划。需要关注的就是计划审计工作并不是属于审计业务工作的一个独立时期，而是一个连续修改以及持续的过程，它会直接融合在整体的审计工作开展的不同阶段。

（三）识别和评估重大错报风险

会计准则明确了注册会计师必须按照对应的风险性状况开展评估程序应用，并将其作为评估财务报表的关键层级，以及对层级发生的错报风险性的前提风险性评估程序。也就是说，注册会计师是为了保证认知能力财务审计自然环境，以其企业状况去鉴别评估财务报告层级，而且掌握层级是不是存在一些重大错报风险性，无论这一错报主要是因为非公事公办造成还是人为因素造成的，都要分析研究与评估，进而开展的财务审计程序。风险性评估程序是一个比较关键性的程序，可以认知能力被审计部门的生活环境，给注册会计师有关的重要工作阶段，做出职业判断提供重要的前提根据，实质上这一过程属于一个持续而且动态性地针对信息展开搜集剖析和处理的一个过程。结合在整体上的内控审计开展过程之中。一般情况下，针对风险性评估程序相关工作的开展主要包括以下两点具体内容：首先是专门针对被审计部门的生活环境。其次针对财务报告层级和不同交易方式和余额与公布。重大错报风险的识别与评估还包含适用于一些比较关键性的重大错报风险，特别是特别风险，纯粹只通过实际性程序根本无法去精确解决问题的重大错报风险。

（四）应对重大错报风险

注册会计师开展风险评估工作的实际内容，就是要将审计意见更加充分且恰当地表现出来作为审计依据，并且还要进一步强化审计程序的开展，包含实施控制测试以及实质性程序。所以注册会计师在对财务报表工作进行评估时，出现重大风险错报之后，一定要通过自身的职业判断勇有面对财务风险报表之中存在的重要错误，制定出更加具有针对性的措施，并且按照评估的不同层次以及风险问题的设计与实施现状开展后续的审计工作，这样才能把审计的风险降至最低。

（五）编制审计报告

注册会计师在针对后续审计工作完毕之后，那就需要按照与审计有关规则的相关规定来完成审计不同阶段的工作，而且依照本身所获得的审计数据信息，更加合理地开展职业判断，构成一个适当的审计建议。

第二节 审计计划

做事情之前如果提前做好计划，就能促进工作效率的提升。审计工作也是如此。计划审计工作针对注册会计师日常完成审计工作的效率，以及对于审计风险进行控制而言，都发挥着不可比拟的价值。合理的审计工作计划制订，能够促进注册会计师关注的工作重点，以及不同的审计领域，及时地发现在日常工作中可能存在的一些潜在问题，并且更加合理组织以及管理审计工作，这样就能确保审计工作开展过程更加具有效率。与此同时，通过审计计划的制订还能够促进注册会计师针对项目组不同成员的分工情况进行更加合理的安排，并且还能完成工作中的监督指导，对于工作完成的员工的工作情况进行复核，还能够帮助他们去协调不同的注册会计师以及其他专家的工作情况。计划审计工作需要持续开展，通常情况下，注册会计师在前一阶段的审计工作完毕之后，就会迅速开展后一阶段的审计工作，直到这一期的审计工作完全结束为止。因此在计划审计工作开展过程中，注册会计师都要大体地针对业务流程活动及其整体上的审计对策开展制定，而且开展具体计划对策。在这个过程之中，他需要作出许多关键决策，既包括可以接受审计风险的能力，也包括重要度与人员配备情况等。

一、初步业务活动

（一）初步业务活动的目的和内容

1. 初步业务活动的目的

审计业务工作开展过程中注册会计师必须单独针对低级的业务活动开展进行，而且进行三个目标：首先是有着实行业务所需的自觉性和工作能力；其次是不容易因为管理人员的信用问题从而影响到注册会计师，后面针对这一项业务开展的意向；最后是与被审计企业本身没有业务相关条款误会。

2. 初步业务活动的内容

点评遵循相关的职业道德修养规定，也是一项比较关键性的基本业务活动。而质量管理规则的具备与自觉性相关的各种各样职业道德规范要求，注册会计师也严格按照相关的规定开展下一步工作。虽说与客户沟通以及与其具体开展审计工作、职业道德规范评估工作与审计工作中整个过程息息相关，但是这项活动的开展都需要在它与审计工作中开展以前，那样才能保障注册会计师已经掌握专业能力，并拥有自觉性及其能胜任本职工作的能力。不能因为高管本身发生的信用问题，从而影响后面注册会计师针对此项业务开展的具体意向。在连续审计业务开展过程之中，一些基本业务活动，一般都在上一阶段的审计工作完成之后，或在即将完成时就已经开始审计业务了，在作出接纳及其维护客户关系管理与实际审计业务的后续管理决策之后。注册会计师按照相关要求，在审计业务工作没有开始开展就跟被审计单位及其审计业务的相关组织达到统一的建议。提议而且签署及其改动审计业务约定书，防止彼此因为针对审计业务的认知不同，最终形成差别。

（二）审计的前提条件

1. 财务报告编制基础

负责鉴证业务的核心条件之一，就是能够使预期使用者获得我国的注册会计师鉴证业务技术准则之中所提出来的标准准则，而标准的含义就是说运用评价以及计量对象的基准，在与列报相关内容分析的时候，还要考虑到列报和披露的基准，在合理的标准背景下，能够让注册会计师使用自身的职业判断，针对于鉴证对象作出更为合理且一致性的评价。从审计准则工作角度来说，通过合理的财务报告编制，也能够为会计师提供财务审计过程之中的财务报表，包含了公允反映的标准。如果没有可以接受的财务报告编制基础，管理人员也就没有编制财务报表的相关基础与能力，注册会计师就不能针对财务报表内容进行审计，也不能按照相应的标准开展工作。

（1）确定财务报告编制基础的可接受性

在建立编制财务报表所需的各种各样财务报告编制基础的前提下，注册会计师也应该考虑最先被审计部门的特性。比如被审计部门是商贸企业及其公共行政或是非营利性组织。其次是财务报表工作中开展的总体目标，例如财务报表就是用来达到财务报表使用人自己的财务信息需求，或是用于达到财务报告特殊使用人自己的财务信息需求；再次是财务报告特性与特点，例如财务报表是整体财务报告系统软件或是单一的财务报表。最后就是相关法律法规是否有适用于财务报告编制基础的相关要求。按照某一个财务报告的编制基础来讲，为了能满足绝大部分的财务报表应用者本身共同的财务信息需求的财务报表也被称为通用性总体目标财务报表，按照独特总体目标所撰写的基础财务报表也被称为独特总体目标。财务报告主要任务是能够满足财务报表，独特使用人自己的财务信息需求，但对独特目的财务报告预估财务报表应用工作人员适用于财务信息所形成的需求，一般来说会直接影响后面财务报表的编制基础。在国内的注册会计师审计规则第 1601 号，适用于独特目的编制基础，财务报表的独特考虑，很明确地反映了怎样才能保障财务报表的应用者，以及对财务信息有需求的财务报告编制基础的具体性。

（2）通用目的编制基础

一旦财务报告的内容只是由授权或者认可的准则制定机构去形成或发布，形成某些种类的实体运用，这些机构遵循相应的程序以及规章制度流程，并且认真探究以及分析广大利益者的观点，则能够发现财务报告准则针对这一类型的实体编制，就通用目的对财务报表而言是能够接受的。这些财务报告的核心准则主要就是由国际会计准则相关理事会所发布的与国际报告相关的准则，以及国际公共部门会计准则和理事会所发布的公共部门会计准则，与某个国家或地区通过授权以及认可的准则所制定的机构，并且要在遵循统一程序的基础之上，对于相关的会计准则进行发布和运用，再匹配通用目的。在财务报告编制的相关法律法规内容之中，这些财务报告的一般内容都会被认为是匹配于财务报告基础编制内容的条例。

（3）法律法规规定的财务报告编制基础

相关法律法规可以从不同种类实体所规范化地编制，通用使用的财务报告基本开展审批。一般情况下，财务会计认为这种财务报告的编制基本适用于实体线编制的效果，对财务报告来说是可以接受的。

2. 就管理层的责任达成一致意见

按照审计有关规则去开展的审计工作中的前提条件便是管理者已经可以认同而且认知能力本身必须承担的工作职责。而审计规则根本无法适应相关法律法规，适用于一些责任所制定的有关规定，可是单独审计的核心理念必须注册会计师，不适用于审计表格的编制和被审计单位的有关内控制度承担对应的责任，而且需要注册会计师更为合理地预估，本身可以真正了解审计所需的所有信息。也就是说，在高管可以提供的基本信息范围内。因此高管假如认同而且认知了自己所承担的责任，在这一前提条件下开展单独审计工作就是极为重要的。

（1）按照适用的财务报告编制基础编制财务报表，并使其实现公允反映（如适用）

大部分的财务报告编制基础包含了财务报表中的相关需求，而针对这些财务报表的编制基础，我们所说明的依照于相应的财务报告编制基础编制财务报表时，编制包含了列报针对于公允列报的报告目标较为关键，然而在和管理人员达到统一意见以后，在后续的审计工作执行前提之前，就要首先了解到公允列报，以及需要特殊管理的管理人员，所担负着的确定财务报表，依照与财务报告编制基础而编制，并且按照实际情况去反映出自身的责任。

（2）设计、执行和维护必要的内部控制，以使财务报表不存在由于舞弊或错误导致的重大错报

由于内部控制的相关限定，无论实际效果多少，通常也只能在保证有效为审计部

门可以实现的财务报表总体目标中进行。注册会计师必须按照会计准则有关规定执行相关的独立审计工作，而不能代替管理层维护编制财务报表所需要的内部控制，与此同时，需要适用于管理人员的肯定及其认知和内部控制相关的职责与管理人员达成一致。

（3）向注册会计师提供必要的工作条件

包括容许注册会计师掌握和财务报表相关的所有信息，可以在获得审计程序时，不受限制地接触内部员工及其相关的有关人员。

3. 确认的形式

一旦管理工作人员没有认知到自身所担负的职责，或者不同意给注册会计师提供书面证明，那么注册会计师就不能充分且准确地获取相应的审计证据。在这一环境下的注册会计师就需要针对这一类型的审计业务负责，除非相关的法律法规之中有明确规定。一旦法律法规之中要求注册会计师负责这一类型的审计业务，那么注册会计师有可能要给管理人员解释这种状况的关键度，以及对于审计报告后续会产生的各种影响。

（三）审计业务约定书

审计业务约定书是会计师事务所和被审计部门所签订的用来记录以及确定审计业务委托和被委托关系，并且对于审计目标及范围和双方职责与报告形式等多项内容进行约定的书面协议。而会计师事务所在此期间负责的所有审计工作，都要和被审计部门所签订的业务约定书保持一致。

1. 审计业务约定书的基本内容

审计业务约定书的实际内容以及格式可能会由于审计单位的差异而不同，但主要内容应包括以下五点：第一，就是财务报表审计的目标和范围；第二，是注册会计师自身职责；第三，是管理人员责任；第四，是日常的财务报表之中所需要的财务报告编制的基础内容；第五，是和注册会计师相关的，让他们出具的审计报告的预期形式以及内容。针对特殊环境之下所形成的审计报告，以及对在特定情况下出具的审计报告可能不同于预期形式和内容的说明。

（1）变更审计业务约定条款的要求

在确认审计业务已完成以前，一旦被审计单位及其受托人需要将审计业务变更为保证水平相对较低的业务，那么注册会计师就需要考虑这一问题是否可行，然后给予变更。以下问题都是有可能会致使审计业务被要求变更业务：首先是自然环境变化适用于审计服务项目的需要构成了危害，规定原本的审计业务的特性开展变化；其次无论是管理者还是其他情况所导致的审计范畴受限制，都会造成审计业务发生变更。而以上各种问题，一般情况下都会被认定变更业务的有效理由，但是还有一些问题表明必须变更的理由不足或不正确，不能和审计相关的内容有关系，注册会计师就能定性为不可以变更这一业务，也是合理的。一旦欠缺科学合理的理由，注册会计师也就不会统一变更业务，一旦做会计并不是就不允许变更业务，那么对应的审计业务条款中管理者不可以按照原本的审计业务来，注册会计师那就需要在相关法律法规容许的前提条件下消除审计业务承诺，而且建立本身是否存在其他的约定义务以及其他的给高管和每一个监管部门开展汇报的责任义务。

（2）变更为审阅业务或相关服务业务的要求

在同意把审计业务转变为审阅业务以及其他业务之前，首先要通过委托书，依照于审计规章制度去开展审计工作。注册会计师需要对于变更业务进行评估，并且考虑到法律法规责任以及对于业务约定所形成的影响。一旦注册会计师认为这个业务的变更是审阅业务或者其他业务拥有合理的理由，并且在变更之前已经开展的审计工作和变更后的业务之间具有关联，那么就需要执行的工作以及出具的报告都会直接变更为后续的业务。为了避免由于报告使用人员形成误解，针对于相关的服务业务所出具的报告，不能提及原本的审计业务，以及原本审计业务之中已经开展的程序，只能把审计业务直接转变为后续制定好的服务业务程序，注册会计师才能够直接在报告里提出已经执行完毕的程序。

二、总体审计策略和具体审计计划

审计计划分总体审计计划和具体审计计划两种。注册会计师需要依照整体审计计划，去对不同事物进行辨别，从而制订出具体的审计计划，并运用有效的途径，让审计资源得以促进审计目标的实现。在这个过程中，需要关注的就是虽然需要制订总体的审计策略计划，然而需要在具体计划制订之前让两项计划直接形成一个紧密的联系，而这是由于其中一项决定的制定，可能会直接影响另一项决定最终产生的结果。例如注册会计师在认知了被审计部门的周边环境以及过程中，注意到被审计部门的全体业务内容依赖较为复杂的自动化信息系统，所以计算机信息系统的可靠度以及有效度，针对经营管理以及决策都会形成较为准确的财务报告，拥有显著的影响。所以注册会计师就能够在实际的审计计划工作之中，通过对应的审计程序开展，对于总体的审计策略内容进行调整，并且运用信息风险管理专家工作的相关决定。

（一）具体审计计划

注册会计师应该给审计工作的开展制订出更为具体的审计计划，实际的审计计划相较于总体的计划而言更加详细，其中就包含了获取充分以及准确的审计证据。并且把审计风险降低在能够接受的最低范围水平之内，项目组成员需要实施的审计程序的性质以及时间和工作安排范围。因此也可以得知为了能够了解充分且准确的审计证据，从而让审计程序的时间以及安排更加合理。这些都是属于策略制订过程中的具体审计计划制订的中心内容，而审计计划制订的时候，还要包含风险评估计划以及计划实施的后续审计程序和其余的审计程序。

1. 风险评估程序

具体的审计计划必须按照我国的注册会计师会计准则第 1211 号，通过了解被审计部门的环境识别及其评估重大风险汇报当中的有关规定，为了保证可以鉴别及其评估财务报告中存在的重大风险难题，那样注册会计师在日常执行风险性评估工作中开展的情况下，一定要明确工作中开展的时间段及其特性。

2. 计划实施的进一步审计程序

具体的审计计划要依照我国的注册会计师审计准则第 1231 号，对于评估出现重大错误应该采取的对应措施中的规定，面对不同的评估层次之中的重大错误风险，注册会计师也要确保计划开展的前一步的性质以及时间安排更加规范，并且进一步强化对程序之中的控制程序，以及实质性程序的分析与研究。需要关注伴随审计工作的不断开展，针对审计程序的计划也会逐渐深入并且融合在整体的审计工作过程之中，例如计划风险评估程序一般情况下会在审计的初始阶段得到运用，而计划后续的审计程序则需要依照于风险评估的结果开展。所以为了确保制订的实际计划顺利完成，注册会计师需要首先完成风险评估程序，并且识别以及辨别一些重大的风险，问题和错报问题按照实际的评估认定，不同层次的重大错报风险计划，去开展后续的审计程序制定以及安排和性质确立。一般情况下注册会计师在计划后续的审计程序的时候，也可以划分为审计的程序总体方案以及需要实施的具体审计程序方案，包含了后续审计程序的具体性质以及时间和范围两个角度。

进一步审计程序的实际方案是指，注册会计师面对不同的交易类型以及账户余额的情况，所采取的总体方案具体审计程序，也是对后续的审计功能进行延伸与细化的一种方法。一般情况下它包含了控制测试以及实质性程序的性质以及安排和范围。在实际工作开展过程中,注册会计师一般情况下会独立制定出一套实际程序开展的审计程序表，然后在需要实施的审计程序过程之中，注册会计师会始终将自身所计划到的具体审计程序运用其中，并且进一步加强记录开展审计工作所取得的成果，为后续的审计程序工作完成的审计工作底稿设计打好基础。另外，还要详细写规整的对于审计程序的相关计划，包含了不同交易类型与账户余额和披露实际状况的审计程序性质、时间安排以及样本量等进行分析。而实务之中的注册会计师是能够直接统筹的，对于后续的审计工作开展的先后顺序进行确定。一旦针对某些类型的交易与账户余额的处置方式已经作出了相关的计划，那么就可以按照计划先行开展工作。与此同时，对其余的交易以及账户余额相关的审计工作程序计划进行制订。

（二）审计过程中对计划的更改

计划审计相关工作的开展并非审计业务单独存有，而是属于一个延续性持续调整的过程。结合在整个审计业务流程中，由于未预估事宜及其自然环境发生的改变，或者在审计过程当中所开展的程序流程里掌握审计直接证据等各项缘故，在审计过程中注册会计师都需要在必需阶段适用于整体的审计对策及其具体的审计计划进行创新与修改，而审计过程还可以变成不同的阶段。一般情况下，前期的工作结果会针对下一步工作开展的实际情况造成影响，随后开展的工作结果也会发现一些必须适用于本身所制订的计划做出调整与修改的形式。一般情况下，这种优化与修改都有可能与一些重要的事宜具备关系，例如针对重要性水平的修改及其适用于不一样交易方式与重大风险错报评定，及其审计流程的创新和修改，一旦出现这种情况，那么审计工作就需要相对应作出修改。

假如在制订审计计划时，注册会计师根据原材料选购的有关掌控的设计以及程序运行获得了审计证据，而且反映了有关的设计合理可以得到执行，但并没有把它评价为在高危范围内，而且计划实行控制参数，但是在实施控制测试时，了解的审计证据及其审计环节所获得的审计证据中出现纠纷难题，那么注册会计师自然就会表明这一类别的买卖操纵并没科学合理地执行完毕。所以这时候的注册会计师那就需要对于自身所提早制订出的计划开展调整，而且适用于这一类别的资金风险重新评估，将调整之后的识别风险计划应用在日常工作中，但是如果注册会计师在审计环节中，适用于整体的审计对策及其具体的审计计划，出现了一些较为重要的修改，那在审计工作指导中，要针对重要改动理由进行记录。

（三）指导、监督与复核

注册会计师在项目管理中应按照相关计划制定项目目标，并对成员进行指导和监督。他们还需要了解工作负载的特性和时间分配，并根据需要对新项目组成员进行指导和监督。此外，他们还应了解财务审计行业领域的重大风险，并在评估重大错误报告风险的基础上，针对新项目组成员的日常工作情况进行指导和监督。如果评估发现重大错误报告风险增加，注册会计师通常会提升自身在指导和监督方面的范畴，以确保监督和指导工作的执行性更强。在核查特性、日程安排和计划范畴时，注册会计师还应考虑新项目组成员的专业素养和专业能力。这些措施有助于确保注册会计师在项目管理中能够提供有效的指导和监督，并减少重大错误报告的风险。

三、重要性

（一）重要性含义

1. 财务报告编制基础通常从编制和列报财务报表的角度阐释重要性概念

财务报表编制基本可以立在不同视角对其开展名词解释，但是一般情况下关键核心理念能从以下几种方位去分析，首先是合理地预估错报，归纳可能针对财务报表使用者依照财务报表所形成的经济决策造成关键影响。而一般情况下表述的错报是不可或缺的。适用于重要性作出判断，乃是按实际状况完成，而且也会受到错报金额及其特性所形成的影响，甚至还会因为二者一同所形成的影响。最后就是针对某种事务管理，针对财务报表使用人员会不会存在关键影响作出判断，思考财务报表应用工作人员，适用于整体的财务信息要求前提下进行，因为不同财务报表应用者适用于财务信息的需要存在极大的差别。如果不小心错报，则适用于某些财务报表的应用工作人员很有可能所形成的影响。在内控审计过程之中，我们应该最先适用于一些重要的错报情况进行评定，包括建立财务报表总体重要性及其买卖判定和余额的重要性水平，在错报额度和整体重要性水准相比更高的情况下，那样就容易导致使用者按照财务报表所形成的经济决策而出现差错。

2. 注册会计师使用整体重要性水平（将财务报表作为整体）的目的

首先明确风险评估程序的特性及其范畴与日程安排。其次鉴别与评估极为重要的风险性错报。最后就是明确后续的审计证据特性及其时间与分配。在整个业务工作开展过程之中，伴随财务审计业务工作的持续进行，注册会计师要按照于本身获得的全新升级信息的重要性进行更新。在审计结果的时候需要应用总体重要性能力，对后续的特殊买卖类型及其余额额度相对较低的重要性能力来评判，识别错报适用于财务报告所产生的危害，以及对财务审计报告当中的审计报告意见所产生的危害。

（二）重要性水平的确定

1. 财务报表整体的重要性

由于财务报表审计工作的主要目标就是让注册会计师应用实行审计工作，适用于财务报表产生自己的审计报告意见。因此注册会计师也要思索财务报表整体上的重要度，这样才能保证最后获得的财务报表可以呈现一个公平公正的结果。注册会计师在针对整体上的设计理念开展制定时，也需要最先意识到财务报表整体上的重要度，明确有多严重的错报，会直接影响财务报表使用人员最后作出决策，那也是注册会计师应用本身职业的判断最终形成而得到的结果。有很多的注册会计师都会按照会计师事务所的国际惯例以及自身积累的经验去思索必要性。

（1）选定基准要考虑的因素

选定基准要考虑的因素，使用到会计自己的职业判断，首先要他们去选中一个基准，然后对于某百分制作为财务报告总体的必要性剖析。

（2）选取适当的基准

基准的选择可能涉及税前利润、毛利率、主营业务收入等指标，取决于企业的性质、发展阶段和行业特点。对于以营利为目的的实体来说，一般习惯性业务税前利润是重要的基准之一。如果税前利润没有长期保持，可能需要选择其他基准进行评估，如毛利率或主营业务收入。注册会计师在选择基准时还应考虑被审计部门的财务报表情况、经营情况以及最新财务成果，根据其变化进行相应的调整。同时，注册会计师还需要考虑被审计部门所在领域和经济环境的变化。对于财务报告的整体意义分析，注册会计师可能会参考近几年的税前利润均值来评估必要性。对于以营利为目的的企业，收益是财务报告应用者更为关心的指标之一。因此，注册会计师可以选择习惯性业务税前利润作为基准，但在公司发生亏本或微获利的情况下，可以选择其他可选择性基准。注册会计师还需要根据被审计部门的具体情况和上一年度的情况来决定基准的必要性。最后，注册会计师在选择基准时需要根据市场现状、经济环境和被审计部门的具体情况进行调整，并确保基准的选择长期保持但不是一成不变的，以适应企业的发展和变化。

（3）为选定的基准确定百分比需要运用职业判断

百分比和所选择的标准之间具有一定关联的，比如习惯性业务税前利润所相匹配的百分比相比主营业务收入的百分比来讲会更高。例如适用于以营利为目的的制造行业实体线注册会计师，一般情况下会以为这一行业业务的税前利润在5%上下是适当的，但是适用于一些非营利性组织注册会计师，业务为他的收益及其费用总金额在1%上下是恰当的。可是无论百分比多少，还得按照具体的情况来确定。只要能局限于具体情况都是属于适当的注册会计师在确认重要性水平时，不仅要思考与项目计量鉴定有关的固有测量不确定度。如财务报表当中具有高度可变性的额度，可能注册会计师一般不会因为某一个明确不添加这一可能财务报表更高或是变低来针对财务报表的总体必要性作出评价。

2. 实际执行的重要性

（1）实际执行重要性的含义

具体执行的至关重要便是取决于注册会计师去建立小于财务报表整体重要性的好几个额度，关键目标是为了能更改还没找到的错报及其归纳金额所形成的财务报表，整体的重要性使之可以降低在一个可以接受的范围内。假如配对应用那样具体执行的重要性，还是财务会计是自己所确立的与整体规定相比而言，比较低类别的买卖及其账户余额或者好几个重要性水准的一个与好几个额度。为发觉单项工程重大错报，进而开展的内控审计方案。总会忽视客观事实，便是单边非重要错报的归纳金额，可能因为财务报表产生不正确的思索，还没有出现错误明确财务报表的具体执行的关键的主要目标，就是把财务报表及其没发现错误统计信息，超过财务报表整体的重要性概率减少。

明确独特类型的买卖及其账户余额有关的重要性水准的执行力，必须在投资及其账户余额公布当中用心感受一些早已更改和没更改的错报，这样账户余额所公布的重要性就会适当地减少。

（2）确定实际执行的重要性需考虑的问题

明确执行的重要性，并不是简单地来计算，而是要注册会计师运用自己的职业判断不一样条件的限制。首先是专门针对被审计单位的认识。其次早期内控审计当中所发生的一些错报特性与范畴。最后就是按照识别出来的错报与范畴所作出的预估。

会计准则规定注册会计师明确小于财务报表整体性一个或是好几个金额的具体执行的重要程度，注册会计师无论应用什么样的方式，都要让购置表格整体的重要性分配按照于比例分配。在各个表格项目当中，应用适当的方式明确执行的重要性，并且依照表格的项目评估结论建立一个或是好几个执行的重要性，比如依照以前审计工作的经验，适用于目前的审计方案的风险评估结果注册会计师可以说明。财务报表的整体重要性的75%与大多数财务报表的执行重要性和主营业务收入有关，项目内控制度存在众多的难题，与之前的年度审计报告里存有的审计调整。所以就需要大家将财务报表的整体重要性作为50%项目具体执行的重要性，这样就能够更加有目的性地实施高风险行业内控审计的开展。

3. 审计过程中修改的重要性

注册会计师或许对财务报表的整体性及其关键性类型的买卖与余额展开公布必要性进行调整。原因如下：首先是在审计环节中构成了一些重大变化，其次得到全新升级信息。最后依照有关的审计程序流程，适用于被审计单位的营收状况有所了解，进而出现了变化。比如注册会计师在审计时，发现与具体的审计成效不一样，存在比较大的差别，那就需要立即改动。

4. 在审计中运用实际执行的重要性

具体执行的重要性在财务审计中主要表现在以下两个方面：

第一，注册会计师在审计方案内控审计开展环节中，必须按照执行工作的重中之重，针对不同种类的买卖及其余额进行的审计证据制定。其实就是选择的金额要超过具体执行的重要程度的财务报表新项目。由于这类财务报表新项目可能会致使财务报表造成重大错报，但是也并不表明注册会计师就能直接适用于整体金额的低于具体执行的重要性财务报表，不开展后续审计证据。可能是由于以下一些问题，关键在于单一金额低于具体执行的重要性的财务报表剖析归纳，总体金额非常大，而注册会计师必须思索归纳之后存在的错报风险性。其次对于一些存有低风险财务报表新项目，不可以纯粹因其金额低于实际情况且不开展后续内控审计。最后就是适用于早已分辨出一些具有舞弊风险的财务报表新项目，不可以因为金额低于具体执行的重要性，就不开展后一阶段的审计工作。

第二，应用具体执行的重要程度，建立后续审计程序流程的特性及其日程安排的范畴。例如在执行实际性分析程序时，一般情况下注册会计师会针对金额及其预期值中间可接纳差值进行记录，使之不容易超过具体执行的重要性。但是使用审计抽样开展细节测试时，注册会计师还可以把可以忍受错报的金额设为相当于或是低于具体执行的重要性。

（三）错报

1. 错报的定义

错报，是指某一财务报表项目的金额、归类、列报或披露，与依照适用财务报表编写基本理应列报的金额、归类、列报或披露中间存有的差别。也可根据注册会计师的分析，为了保证财务报告在大多数重要层面完成公允价值体现，必须对金额、归类、列报或披露作出重要调节。错报可能是因为错误或非公事公办而所导致的。

2. 累积识别出的错报

注册会计师可能会把小于某一金额的错报定义为显著细微的错报，对此类错报不用累积，因为注册会计师认为这些错报的汇总数显著不会对财务报表产生重大影响。“显著细微”不是单纯的“不重要”。明显微小的错报的金额的数量级，与依照中国注册会计师审计准则第 1221 号——计划和执行审计工作时的重要性确立的意义的数量级对比，是截然不同的（明显微小的错报的数量级比较小）。这种明显微小的错报，不管独立还是归纳下去看，无论是从经营规模、特性或者其所发生的自然环境来说全是显著渺小的。假如不明确一个或多个错报是不是明显微小，就不可以认为这些错报是明显微小的。

（1）在确定明显微小的错报的临界值时，注册会计师可能考虑的因素

①之前年度审计中鉴别出来的错报（包含已更改和没有更改错报）的数量和额度；②重要错报风险评价结果；③被审计单位经理层和高管对注册会计师相关沟通交流错报的期待；④被审计单位的财务数据是不是达到监管机构的规定或投资人的期待。

注册会计师对于该要素考虑，其实就是在明确审计的时候对错报的滤出水平。注册会计师的目的是要保证不积累下来的错报（小于临界值的错报）连着积累下来的未更改错报不容易归纳变成重要错报。假如注册会计师预估被审计单位存有数量比较多、额度比较小的错报，很有可能考虑到选用相对较低的临界值，以防止很多小于临界值的错报日积月累，组成重要错报。假如注册会计师预估被审计单位错报数量偏少，则有可能选用相对较高的临界值。

（2）错报类别

为了能让注册会计师在点评审计过程中积累下来的错报产生的影响，与管理层和经理层沟通交流错报事宜，将错报区分为事实错报、判断错报和推断错报才是有效的。

①事实错报。事实错报是有目共睹的错报。这种错报源于在被审计公司收集和建立模型错误，对事实的忽视或误会，或有意舞弊行为。比如，注册会计师在财务审计检测中发现购买库存商品的内在价值为 15000 元，但账目记录金额却为 10000 元。因而，库存商品和应付款各自被忽视了 5000 元，这里被忽视的 5000 元便是已鉴别对事实的实际错报。

②判断错报。判断错报指的是因为注册会计师觉得管理层对会计估计变更做出不合理判断或不恰当地挑选和应用会计政策而造成的差别。这种错报产生在两种情况：管理层和注册会计师对财务会计预测值的判断差别，比如，因为包含于财务报告里的管理层所做出的预测值远远超过了注册会计师确立的一个有效范畴，导致出现判断差别；管理层和注册会计师对挑选和应用会计政策的判断差别，因为注册会计师觉得管理层采用

会计政策导致错报，而管理层却表示采用会计政策适度，导致出现判断差别。

③推断错报。在审计过程中，注册会计师的一个重要职责是评估财务报表的真实性和准确性，包括推断是否存在错报的可能性。注册会计师可以通过几种方式推断错报：一是分析财务数据。注册会计师会仔细分析财务数据，包括资产、负债、收入、支出等，寻找不寻常或异常的模式或趋势。如果发现与预期不符的异常情况，可能提示存在错报的可能性。二是进行比较分析。注册会计师会对比不同年度的财务数据，与行业平均水平或竞争对手进行比较。如果发现公司的财务数据与同行业或竞争对手有明显差异，可能需要进一步调查是否存在错报。三是内部控制评估。注册会计师会评估被审计单位的内部控制制度，包括财务报告编制过程、财务核算程序等。如果发现内部控制存在严重缺陷或漏洞，可能会增加错报的风险。四是与管理层沟通。注册会计师会与公司的管理层进行沟通，了解他们对财务报表的编制过程和相关事项的看法。通过与管理层的交流，注册会计师可以获得对财务报表真实性的更多了解，并推断是否存在错报的可能性。

需要强调的是，推断错报是审计过程中的一个重要任务，但最终的结论需要给予充分的证据和专业判断。注册会计师会根据审计准则和职业道德要求，进行审慎的分析和判断，以确定财务报表的准确性和真实性。

3. 对审计过程识别出的错报的考虑

错报也许不会独立产生，一项错报的产生还会说明存有别的错报。比如，注册会计师辨别出因为内控制度无效而造成的错报，或者被审计企业普遍使用不正确的假定或评价方法而造成的错报，均很有可能说明还存在别的错报。

取样风险与非取样风险可能造成一些错报未被发现。审计环节中累计错报的汇总数接近依照中国注册会计师审计准则第 1221 号——计划和执行审计工作时的重要性的相关规定确立的重要性，则说明存有比可以接受的低风险水准更多的风险，即很有可能未被发现的错报以及审计环节中累计错报的数量。

注册会计师很有可能规定管理层查验某种买卖、余额或公布，以便管理层掌握注册会计师当场审计方式探索的理论体系时鉴别出来的错报形成的原因，同时要求管理层采取有效措施来确认这种买卖、余额或公布实际发生错报金额，以及对于财务报告作出适度的变化。比如，从审计样本中鉴别出来的错报推论整体错报时，注册会计师很有可能明确提出这样的要求。

第三节 审计方法变革

一、账项基础审计模式

审计产生的根本原因是财产所有权与经营管理权的分离以及由此产生的受托责任

关系。在审计产生的初期，受托责任主要集中在操守清廉、不中饱私囊方面，股东经常看重经营者的忠诚度，委托或授权审计的主要目标是查错防弊。

为了实现查错防弊的审计目标，审计人员以交易为基础，对所有会计项目的来龙去脉加以审查，他们围绕会计账簿和报表的编制过程，对每一笔交易从原始凭证的记录到与交易有关的各类会计文件的形成及其在会计系统中的周转过程都要进行详细检查。即对会计凭证和账簿进行详细检查，通过详细核实账簿上的数字来判断是否存在舞弊行为和技术性错误。因此，这种审计模式被称为账项基础审计模式，俗称“查账”，该审计模式没有区分审计阶段和步骤，审计的全部工作就是检查账簿。

基于查错防弊的审计目标可知，这种模式的审计思想主要是批判性、监察性的，审计方法是侦查性的详细审计。这种审计模式的运用是从审计的产生之初开始的，一直延续到20世纪初。此前的企业组织结构相对比较简单，业务性质单一，运用该模式能使审计人员很容易发现原始凭证和数据的造假及错误。但是该模式会耗费大量的人力、物力、财力和时间，审计成本较高，且不利于审计资源的分配，也不适用于现代大型企业的审计。

二、制度基础审计模式

时过境迁，随着大规模工业化的发展，少数有限的股东所提供的资本已经不足以满足企业规模化发展的需要，经营资金开始转向由银行等债权人和更为广泛的资本市场提供。到了20世纪30年代，审计目标慢慢发生了变化，为了满足银行债权人和更多利益相关者的需要，出现了资产负债表的偿债能力审计与财务报表的合法性和公允性审计，查错防弊已不再是当时的主要审计目标。审计的功能由防护性转向了公正性。此时，由于企业规模的日益扩大，经济活动的交易事项日益复杂，审计工作量迅速增加，详细审计难以展开，同时内部控制理论已经形成，审计人员探索将审计抽样与企业内部控制结合起来，出现了以证实财务报表公允性为目标、以内部控制评价为基础的抽样审计，即制度基础审计模式。

该模式基于内部控制能合理保证财务报表可靠性的基本假设来设计审计程序，它将审计工作大体分为两个阶段：符合性测试与实质性测试，即审计人员在信赖被审计单位的内部控制时，首先针对拟信赖的内部控制制度的遵循性进行符合性测试，然后根据符合性测试的结果，确定实质性测试的性质、时间安排和范围，并以此收集审计证据，形成审计意见。该模式将审计的重点放在对各个控制环节的审查上，发现内部控制的有效或薄弱之处，缩小或扩大检查范围。在这种模式下，是否检查凭证、检查多少凭证都不再是随意的，而是建立在对被审计单位内部控制系统认识基础上的重点审查。以大数定律和正态分布为基础的统计抽样取代了随意判断和任意抽样。从20世纪40年代起该模式就成了审计的主要方法，直到20世纪80年代。

该模式有了理论基础，使审计成本降低，审计资源得到了较为合理的分配。然而，运用该模式在实现审计目标的效率和效果方面还存在着较大的局限性。首先，该模式过分依赖内部控制测试，内部控制制度本身存在着局限性，其着眼点仍然集中在具体经济业务或账户记录上，审计风险没有得到有效的控制，很难将审计风险降至可接受的低水平；其次，该模式的审计思想是证实和鉴证，在审计过程中虽然将测试分成符合性测试和实质性测试两大阶段，但这种程序驱动的审计模式可能会发生低风险项目审计过量和高风险项目审计不足的现象，从而达不到审计的最佳效果和审计资源的最合理利用；最后，该模式没有考虑被审计单位的其他风险，会部分丧失可以提高的审计效率。

三、传统风险导向审计模式

由于制度基础审计模式的缺陷凸显，一种以防范风险为基础的风险导向审计模式逐渐兴起。20 世纪 70 年代的“诉讼爆炸”使得审计界开始研究审计风险问题。AICPA 下属的审计准则委员会（ASB）发布了《审计准则公告第 128 号》美国注册会计师协会（AICPI），明确了使用内部审计师工作成果的相关要求。

《审计准则公告第 128 号》规定，如果外部审计师使用了内部审计师提供的包括审计证据在内的工作成果，那么，他对所使用的工作成果负有直接责任；如果外部审计师要求内部审计师根据审计计划协助开展审计工作，那么，外部审计师应对内部审计师的工作进行监督和审核。

依托传统审计风险模型“审计风险 = 固有风险 × 控制风险 × 检查风险”，以控制审计风险为导向的审计模式被称为传统风险导向审计模式。该模式立足于对审计风险进行系统的分析，从而制定与之相适应的审计策略和审计计划，将对审计风险的考虑贯穿于整个审计过程。该模式下审计工作分为这样几个步骤：首先确定可接受的审计风险；然后评估被审计单位的固有风险和控制风险；根据审计风险模型确定可接受的检查风险，据此安排审计工作，确定审计重点，设计实施实质性测试的性质、时间和范围，最终满足审计目标的要求。

这种审计模式明确了审计风险的构成要素，特别将客户置于一个行业、法律、企业经营管理、内部控制、资金、生产技术甚至企业经营哲学等环境中来考察，从各个方面研究环境对企业财务报告的影响，而不仅仅是内部控制这一因素，该模式使抽样审计更为科学，提高了审计效率和效果。然而，审计人员在运用这个模式时，通常难以对固有风险做出准确评估，往往将固有风险确定为高水平，转而将审计资源投向控制测试和实质性测试，忽略了对固有风险的评估，审计中失去一次辨识重大错报风险的机会，也就变成了制度基础审计模式，并未将风险导向审计思想真正贯彻下去。另外，从更深层次上看，该审计模式所依据的审计风险模型不能用于财务报表整体，无法满足对财务报表审计整体风险的把握和控制上。该审计模式依然是以“证实性”为主，无法将“审计应有的职业谨慎”观念落到实处。由于以上缺陷，这一时期的方法被称为“传统风险导向审计模式”。

四、现代风险导向审计模式

进入21世纪以后，一些国家出现了重大财务舞弊案，社会公众纷纷质疑原有审计方法的有效性，国际领先的会计师事务所开始开展现代风险导向审计模式的研究。它的最终确定则以国际审计与鉴证准则委员会（IAASB）发布的一系列审计风险准则为标志。新审计风险准则与以前的准则相比有着重大实质性变化，在新准则中审计风险被定义为“当财务报表存在重大错报而审计人员发表不恰当审计意见的可能性”，新准则将审计风险模型修改为“审计风险=重大错报风险×检查风险”。

审计人员应当在充分了解被审计单位及其环境（包括被审计单位所处的行业、法律和监管环境，企业的性质、目标、战略和经营风险，会计政策的选择与运用，财务业绩的衡量与评价，内部控制等）的基础上，从财务报表整体和认定两个层次上评估重大错报风险，然后针对评估的重大错报风险设计进一步审计程序，通过控制检查风险，最终将剩余风险控制在预期的可接受范围之内。其核心就是建立重大错报风险识别、评估和应对的程序和方法，并让它们贯穿于审计的全过程，使审计风险理论和整个审计过程联系得更为紧密，让审计人员能够重视产生审计风险的各个重要环节，使审计过程成为一个不断降低审计风险的过程。

按照该模式的要求，审计工作主要包括三个阶段：①了解被审计单位及其环境，执行风险评估程序。审计人员可以从宏观经济因素、行业因素等方面了解被审计单位及其环境。②识别和评估重大错报风险。审计人员应当在了解被审计单位及其环境的基础上，从财务报表整体层次和认定层次识别和评估重大错报风险。③应对重大错报风险，即针对评估的报表整体层次的重大错报风险采取总体应对措施，同时针对认定层次的重大错报风险采取进一步审计程序，合理保证财务报表不存在重大错报。

与传统风险导向审计模式相比，现代风险导向审计模式要求审计人员将主要精力转移到关注和控制管理层舞弊风险，对管理层实行“有错推定”，实施“以侦查为先导，以证实为补充”的审计战略，使“审计师应有的职业怀疑”不再是一句空话。这种模式提供了一种既能保证审计效果又能提高审计效率的新思路，它是一种循环推进、证据驱动、基于判断的风险评估过程。由于新准则按照战略管理论和系统论将企业的整体战略经营风险等带来的重大错报风险作为审计风险的一个重要构成要素进行评估，使评估审计风险的观念得到进一步扩大和延伸，是传统风险导向审计的继承与发展，因而这种模式被称为“现代风险导向审计模式”。

第四节　非现场审计模式与演进

一、非现场审计模式是联系观系统优化的审计方法

马克思主义哲学是科学的世界观和方法论，为审计工作人员改革创新审计核心理

念、审计方法、审计方式带来了无穷无尽的基础理论原动力。唯物辩证法的一个总特点就是联系的观点，所说联系便是事物中间及其事物内部结构诸因素之间的相互危害、互相制衡和相互影响之间的关系，联系具有普遍性、多元性、条件性、可塑性。唯物辩证法认为全世界一切事物不是独立存在的，是和周边别的事物相互依存着，这个世界就是一个普遍联系着的统一体。因而，应探索、遵照科学哲学观点和方式去解决问题。

（一）联系观的启示

联系普遍性对审计的启发。唯物辩证法认为，联系具有普遍性，无论是大自然、人类社会发展还是人的思想，都处于联系当中，独立存有的事物是不存在的，全世界一切事物都和周边别的事物相互依存，每一事物内部结构各因素中间都是相互关联的。这一人生观在方法论上规定审计工作人员应该始终坚持用联系的观点看待问题。这启发审计单位不可以旧账查账、有理有据。不可以简单地一审一个单位，不可以认为一个单位出一个审计汇报即是圆满完成任务。

联系的客观性对审计的启示。唯物辩证法认为，联系具有客观性，联系是事物本身所固有的，不以人的意志为转移，无论是自在之物还是人为之物，它们的联系都具有客观性。这一世界观方法论要求审计人员必须从事物固有的联系中把握事物的真实联系，切忌主观随意性。这启示审计部门要取得独立的第三方数据及信息，摆脱来自被审计单位的干扰，突破孤立的某一家被审计调查单位信息的局限性，才能查深查透，去伪求真，还原经济活动的真相，认定的事实及问题才既真、准、实，又有足够的外部三方证据支撑。

联系的多样性对审计的启示。唯物辩证法认为，联系具有多样性，有直接联系和间接联系、业务联系和外部联系、本质联系和非本质联系、密切联系和偶尔联系、整体与部分的联系、因果联系等。这一人生观科学方法论规定审计工作人员用综合思维的办法思考问题，留意分析与掌握事情存有发展的各种各样标准，一切以时长、地址、标准为依据。这启示审计单位要不断拓宽获取信息的方式，随时随地调整思路，尽最大努力找到被审计事项各种各样的联系，相互印证。

整体及部分的联系对审计的启示。唯物辩证法认为极部分是相互依存、息息相关的，同时也是相互影响的。整体离不开一部分，是通过一部分所组成的，部分功能以及转变危害整体的功能，重要部分功能以及转变甚至对整体的功能起关键作用。部分为整体的那一部分，离开了整体，一部分就不成其为部分，整体的功能情况以及转变会影响到一部分。整体及部分是彼此差别的。整体和部分的辩证关系要求审计人员立足于整体，抓住关键，选择最佳方案，启示审计部门无论审计机关人财物统管，还是审计项目制定、项目组织实施，既要明确整体理念、强化全局意识、统揽全局，又要抓好局部、培植典型、以点带面，推动当地审计机关发挥最大功能。具体到审计组织实施，需要创新多专业融合、多视角分析、多方式结合的组织方式，抓重点事项、重点环节、突出问题，超常规发展。

具体到审计方法，需要考虑在有限的人力、物力条件下，如何破解审计全覆盖的难题。靠面面俱到，每一个被审计对象出具一个审计报告，是不可能做到的；即使做得到，审计提供的最终产品也是零散的、片面的，碎片化的审计成果也发挥不出整体效果。

（二）识别审计事项的主要联系形式

1. 被审计单位及其系统内的资金接触式的联系

常见的联系方式有收款收据种类、资金往来、开户账号、付款的结算方式等。审计人员需要注意资金的运动轨迹、发票种类，特别是用非正式收款收据、大额现金结算的收付款业务，用以查出账面未真实反映的转移资金、私设小金库等隐蔽性问题。这是联系查账法中最常见的，也是效果最好的一种方式。这就规定审计工作人员积淀把握这种线索，有两种方式：一是突袭搞调研，紧紧围绕某一被审计单位，从和这个单位有经济往来的外围单位下手收集资料线索，如执纪执法单位的所管目标、业务主管部门的服务目标等；二是创建审计线索登记规章制度，平常从多种渠道积淀。

2. 被审计单位之间非资金接触式的可比性联系

同为某一行业里的不一样单位或业务流程相似的单位中间，虽没有资金往来，但财务信息方面具有对比性，审计人员要善于进行联想性、对比性联系。根据对有关单位进行全面的或单项工程的数据分析想起可能出现的难题。比如依据房产部门网签合同数据信息，与房地产业企业报税收入比对，查出来公司房产赠与或订账未视同销售、收款推迟进账等各类申请显著虚假的难题。如同某房产公司责任人疑惑地说：“审计局没调账也没有来人，是如何查出来的？”

3. 被审计单位职责、业务、物、环境、单笔业务的内外联系

（1）利用单位业务工作与财务工作的直接联系

业务基础资料是会计信息产生的基础，会计信息的真实完整性最终取决于业务环节基础资料的准确性。要注意从业务基础资料入手去审查财务账。特别是近几年，会计单位的账务处理越来越规范，账面上存在的直观性问题越来越少，按被审计单位的话说：“有问题也不会出在账上。”会计信息的虚假性在业务环节已产生、已变通处理。旧账查账存在潜在的风险，因此，审计不能再仅仅停留在会计账面搞审查，要延伸到业务基础资料，按业务流程顺序，首先审查业务资料的真实性，其次核对业务资料与会计资料。

（2）利用被审计单位所处环境与财务工作的联系

直接影响财务工作的环境要素有许多，有形的，有无形的，例如对内控制度的重视程度、经营情况、业务性质、企业负责人及财务人员的人品、人际交往、职工素质、偶然事件，甚至被审计查验企业店面的租赁、部门招牌的挂置等，因人、因事、因单位而异，审计检查人员要跳出账外，深入现场，察言观色。

（3）利用账与物的联系

开展账实账证核对，实际拥有车辆、写字楼、住宿楼与账目核对，从账实不符合中搜索自有资金；费用列支信息真实性与实体资产的出现情况相关联；特殊时间内一部分资产与独特会计制度的关联；被整体规划拆除的资产与拆迁补偿费是不是进账的关联等。

（4）利用单笔会计业务的内外联系，加大对原始凭证的审核力度

具体查账中，提倡审计人员要养成一种“眼高手低”的能力，也就是思路要清、技术要精，既要站在整体角度把握重点、有的放矢，又不要忽略细节，视业务量大小，逐张逐份地仔细翻阅记账凭证、原始凭证，先总结出相关业务的正常处理程序，然后寻找异常因素。这就要求审计人员不仅要掌握相关的专业知识，还要随时注意总结积累不同单位、不同专业的习惯性做法，加强逻辑性思维，既要突出个性又要注意共性，深挖细查重大坏法乱纪线索。以下从三个方面说明如何审核凭证：①从每笔账务处理编制与所附会计原始凭证的特性、账款具体内容、付款方法、有关手续完备性联络中查难题。②从记账凭证之间相互依存中发现问题。③从初始发票的所有因素中找到有关联系，搜索疑问。全面搜索发票上所提供的信息记录。比如从一张银行支票送存单上，可体现出付款企业、付款账户、银行汇票页数，假如付款人都是本公司或送存一张银行汇票有多个的付款人，则证实还有另外的储蓄账户；假如审签一张现金支票税前列支，所附初始发票源于多个部门，则证实还有另外的过渡户或虚列支出。

二、非现场审计的内涵

基于上述联系观的原理和方法论，总结提炼了融合大数据审计手段、审计实施、成果开发为一体的“非现场审计模式”。该模式本着“人脑比电脑更重要”的原则，要求审计机关及审计人员广泛运用联系观，既要“瞻前顾后”，又要“左顾右盼”，不能孤立地审查某一会计资料，要全方位寻找揭露问题的线索；要求借助大数据分析平台，努力拓宽信息数据的获取渠道、采集数量，加强数据多维分析，深入找出联系点，最大限度地挖掘数据的价值；要求多专业融合、跨部门分析比对，构建上下内外的互动格局，从人力、信息、资源、项目等方面促使各级审计机关加快组成“共同体”；要求以大数据为支撑，广泛开展“非审计项目”下的分析研究，引领审计人员“为成果而干”，“智造”高端审计成果，大幅提升审计工作价值。

基于信息化条件下，针对税务部门“以信息管税”的新趋势，审计局创新审计方式方法，运用事物普遍联系的观点，从外围广泛采集信息数据，深入挖掘数据价值；从税务内部及第三方涉税信息要素关联点入手，直接从正面对税收部门征管职责履行情况进行全面筛选分析。首先筛选税务内部信息中不符合既定规则的异常线索，其次开展外部第三方信息比对，最后综合运用审计掌握的信息及政策优势，开展非审计项目下的分析研究，主动提供更多适销对路的审计高端产品。以较少的人力、物力，比较全面地揭示了税收征管中存在的漏洞，从而促进财税政策及征管措施的不断完善。

三、非现场审计的定位及重要性

（一）非现场审计的定位

非现场审计是指根据现代科技与方法，在寻找非现场审计对象的相关资料之后，依据制订的形式对审计对象的现况和发展趋势展开分析评估和监管。非现场审计具有全方位、立即、低成本、高效率和强大的规范化等优点，我国与国际领先水平相比，银行业非现场审计的新版 GMP，数字化和专业化水平较低。

非现场审计是一种具有现代数据处理和传输方法的快速发展的审计监管方法。其特征在于：在一定的期限内收集要审计的数据，操作电脑审计手机软件开展密钥剖析、风险管控评定等，明确审计的关键所在，因而拥有很强的时效性；金融机构审计精英团队按时开展非现场审计，为持续合理地开展审计给予有价值的信息；通过互联网即时获得线上或离线数据审计，以及对于审计对象中好几个业务监管实际效果开展意见反馈，在近段时间，审计剖析时间能在事情发生以前、事件发生时、事件发生后随意选择一段时间，同时还可以实时、高效率和动态地监控功效。与现场审计相比，非现场审计具备丰富性、时效性、低成本、高效率和强大的规范化等特点。多年的审计数据显示，非现场审计已经变成了内部结构审计不可缺少的关键方法。

（二）非现场审计的重要性

增加了范畴，确保了时效性，并增强了审计深度、广度和精确性。一是扩展审计的范畴。过去审计应该是特殊阶段或活动所采取的，不具备连接性。依靠智能化新科技方式，非现场审计可以远程控制收集和监控源于全部业务流程的相关数据，进而有利于深入了解子公司和相关业务风险状况，并确保审计区域范围全方位水平。银行业非现场审计的必要性有所提高，从质量上提高了审计的深度、广度、力度和精确性，特别是对于工作强度大、反复流程多，在检验高危、比较小概率事件方面具有不可替代的作用，而且在实际应用中具备很好的效果。二是确保审计是在一定期限内完成。依靠电脑操作系统，非现场审计可以持续获取数据，及时发现问题和安全隐患，立即控制与阻拦它们，从而降低因风险性造成的损失，或是清除潜在性的隐患，提升了银行业务风险管控，最大限度地完成升值要求，这些都是过去审计所难以实现的。

降低审计成本费，提高审计效率和效果。一是节约审计成本费，使审计费用比往日略低。除所需要的现场调研和现场沟通交流外，非现场审计方式还使审核精英团队能够极大程度地降低人力、财力和时间。二是能够减少数据收集时长。在一般现场审计模式中，可以用固定审计数据收集端口，对审计数据收集然后进行内部结构审计，以获得和传送审计数据信息，从而使审计更具有自觉性、协调能力，取代借助审计组织提供的资料的方式。三是提高审计工作效能，使审计其价值进一步得到提高。非现场审计是从定量分析到定性研究的一个过程，分析型审计方式根植于全部非现场审核的一个过程，提升了审计人员的深度思考，避免了重复工作和无效工作违法行为的造成，防止了审计风险性，提高了审计品质，让现场审计更为适度高效，可以解决审计网络资源不全面和繁杂的审计工作中的矛盾。

从事件的发生审查到事情发生时，审查人物事件发生前审查的历史时期已完成。另外还有预警和风险评估作用。过去的审核应该是被审核对象运行情况开展后查验，是具有一定延迟时间的静态数据审核工作。非现场审计可实现数据远程控制收集、审核证据收集、剖析和评估，审查任务全过程转变成了过后审查、事中和事先审查的融合，把原本的静态数据审计转变成情景交融。具备审核数据收集页面及其远程控制审核和证据收集的非现场审查方式能够在整个过程中持续，随时地监控被审计的对象。另外，它有利于将有限的资源——非现场审计网络资源最好的安排到业务中。依靠非现场审计方式，把有限的资源审计充分落实到重要部门行业及其内控制度相对薄弱并存在风险性的问题上。监视审计对象风险点和易受攻击的连接的频率不断增加，可以帮助审计工作人员准确地选择审计关键，科学地组织审计计划、分配审计项目，并使非现场审计具有针对性。

四、研究非现场审计模式的意义

首先，有助于审计管理体制改革。非现场审计模式高度依赖信息共享，势必促使建立各级审计机关、不同审计项目之间的审计成果和信息共享机制；推动上下内外“联起来”，推进上下级审计机关之间网络互联、资源共享、实时监控。该模式通过构建多专业融合、多视角分析、多方式结合的组织方式，从人力、信息、资源、项目等方面促使各级审计机关加快组成“共同体”。

其次，有助于审计监管全覆盖。非现场审计方式认为要靠技术性、靠核心理念、靠方式来完成全覆盖。推动以大数据为中心的审计信息化规划，完善智能化审计指挥平台、大数据综合性分析平台、审计综合性作业平台、模拟实验室和“一站式”服务支撑系统，应用大数据剖析是应对全覆盖挑战的关键宝物，是完成审计全覆盖的必然选择。

最后，有助于审计供给侧结构性改革。非现场审计方式认为在正常审计新项目以外，融合审计积累下来的数据资料，开展非审计新项目中的科学研究，从宏观方面开展大数据相关性分析，提升判断宏观经济趋势、认知社会经济发展运作风险性、发觉违法案件线索能力，积极推动审计供给侧结构性改革，提供更多“高端产品”，突破单一项目成果碎片化的限制。

第二章 非现场审计模式的大数据采集

第一节 网络爬虫技术及相关原理

一、网络爬虫技术

网络爬虫（又被称为网络蜘蛛、网络机器人）是一种程序流程或脚本制作，依据一定规则自动采集互联网的信息。网络爬虫会自动赋值 Web 的网页链接构造，定位与查找信息。从网址的某个网页页面开始，载入网页的具体内容，在网页页面中寻找别的网页链接，再通过这种网页链接寻找下一个网站。不断进步，直至网络上的所有网站都已经被爬取。

网络爬虫可归纳为以下几类：①通用性网络爬虫。这种网络爬虫不局限于特定主题或网址。它们不断跟踪网页链接并获取它们收集的所有网站。②对焦式网络爬虫或主题网络爬虫。这种网络爬虫从 Web 检索与某些特定主题有关的信息。对焦爬取不但特定了有兴趣的主题，还提供有关和不相关的网页的一些标识实例。③优先选择网络爬虫。该类网络爬虫不容易抓取碰到的全部网页链接，反而是由用户递交正确引导优先选择爬网流程的有兴趣的标准或主题。优先选择网络爬虫能够归为对焦网络式爬虫或主题网络爬虫。④自定网络爬虫。这种网页爬虫是一种方式独特的通用性网络爬虫。它们预先选择总体目标网址，剖析网页的 DOM 构造、定位元素，并获取结构性信息。这种网络爬虫的优点是它们可以清晰地得到我们需要的信息，一旦互联网的 DOM 构造产生变化，编码可能还需要重新写过。⑤手机端网络爬虫。这是一种在服务端不在百度搜索引擎端实行网页页面的挑选过滤的一种抓取方式。在手机端网络爬虫里将编码移迁到手机端能够减少传统式 Web 网络爬虫所导致的网络负载。⑥增量式网络爬虫。因为互联网是动态变化，网页页面上的数据会不断创新。因而，这种网络爬虫可用作维护保养百度搜索引擎里的索引数据库的自动更新。可是，必须在经营自动更新和能源消耗之间衡量。⑦深层网络爬虫。有时候很多的互联网信息不能通过网页页面里的网页链接直接访问。这种信息潜藏在搜索或查询界面后边，Web 的那一部分称为掩藏 Web 或深层 Web。一种称为深层网络爬虫的独特爬虫类专门用于解决抓取这一部分数据信息。

一般来说，爬梯代表着朝着一个方向迟缓移动。但从技术上来说，网络爬虫是百度搜索引擎中用以数据收集的一种手段，它们被称为网络爬虫或网页蜘蛛或是网络机器人。伴随技术的不断发展，网络爬虫越来越成熟，早已超出了仅仅百度搜索引擎获取数据的一种手段这一界定。一般来讲，最基本的网络爬虫程序流程应具备一组种子URL作为键入，一组早已抓取的网页页面作为导出。详细工作在以下4个方面：①最先依据总体目标选择多个原始URL作为网络爬虫爬取的起始点。②将种子URL放进待爬取的URL序列中。③从待爬取的URL序列中载入URL，分析DNS，而且获得主机IP。将URL相对应的浏览器下载出来，分析获得所需要的网页页面，或提取网页页面里的URL放进带爬取的序列中，将已经抓取的URL放进已抓取URL序列。④将网页中抽取的URL与已爬取的URL进行比较去重，最后将去重过的URL放入待抓取URL，进入循环，达到停止条件时停止网络爬虫。

网络爬虫技术迅速发展，世界各国有关研究从技术和操作实务层面对网络爬虫技术自身及其运用方面进行了探寻研究。海外的研究中有以下见解。见解一：充分肯定网络爬虫的理论奉献，并叙述了网络爬虫是怎样演变来适应互联网信息的不凡提高。见解二：认为互联网具体内容日益变成学术研究关注的焦点，为了能做出任何大规模Web网页页面解决模式，在某个阶段需要使用计算机程序编写web爬虫程序来获取要分析的页面进行信息提取。见解三：研究了网络爬虫技术与工作中常用的不一样算法设计，明确提出Web网络爬虫是百度搜索引擎和别的用户按时保证它的数据库更新的一种方式。

中国针对网络爬虫技术的研究蓬勃发展，研究工作人员们根据不断完善的网络爬虫技术收集规模性互联网有来信息进行研究。最先对其网络爬虫技术的改善研究中，见解一：研究了开源百度搜索引擎Nutch的分布式系统网络爬虫工作机制，给出了整改措施，使网络爬虫更有效地利用互联网资源捕捉网络信息。因为多源异构、高噪声及其动态更新的网络大数据给高效率数据收集和利用带来了极大的考验。大数据技术促使Deep Web数据信息持续增长的同时也给Deep Web的数据收集带来了困难，Deep Web数据收集技术必须更加智能。见解二：归纳了目前Deep Web数据收集查看构造函数优缺点，认为Deep Web数据收集的查看一键生成关键是将来的关键研究方向。此之，各个领域也在逐渐利用网络爬虫技术收集研究数据进行分析。银行业能通过网络爬虫技术完成网络舆情监测、顾客全景图肖像和竞争者分析以及行业垂直搜索。利用网络爬虫技术能够对客户资料、互联网舆情数据及其竞争对手信息实时采集、更新和剖析，助推银行业更强地为客户服务、提高管理能力和管理能力。医疗机构能通过网络爬虫技术迅速、清晰地得到公共卫生管理全面的医疗数据，为创建人群健康风险评估模型提供数据基础。利用网络爬虫技术能解决医疗卫生行业读取数据困难的问题，使目前丰富多样的医学数据网络资源得到充足利用并提升利用高效率。随着经济技术的快速发展，机动车辆总数猛增，道路交通与需求矛盾加剧。针对交通大数据的解读能提高道路交通能力，减少其交通事故的发生。见解三：利用主题网络爬虫迅速合理收集了实时高速路信息，为下一步研究带来了数据支撑和提升了利用高效率。伴随新浪微博、微信等社交网络的诞生，社交媒体成为一个特别热的研究话题讨论，根据网络爬虫技术实现了对微博数据的高效收集，得到利用大数据的办法对互联网数据的收集与讨论会获得比较大的收获。

随着经济和科技的快速发展，各个领域展现大数据发展的态势，特别是在金融机构、诊疗、交通出行等领域，利用网络爬虫技术能够对各个领域大数据高效收集，为下一步研究剖析提供数据基础。审计行业涉及各行各业，针对各行业各领域的财务审计必须应用大数据。利用网络爬虫技术的审计方法可以扩展审计中的数据分析范围，更加充分地发现审计疑点，对目前数据式审计的发展十分具有帮助。利用网络爬虫技术的审计程序能够拓展财务审计中的数据分析范畴，更为足够地发觉财务审计疑问，对当前数据信息式审计发展趋势十分具有协助。

二、网络爬虫框架比较

网络爬虫是互联网行业读取数据的关键专用工具。当牵涉到信息量小，爬取逻辑性简单收集任务后，可以用自创网络爬虫代码开展数据采集。但是当牵涉到数据量大、爬取逻辑性繁杂的收集任务后，如果一直选用自创网络爬虫的形式进行数据采集，往往会增加代码的开发时长，从而增加工程项目的费用和时长。而一些开源网络爬虫框架通过开发集成化，将每个部件独立出来，界定成不同类型的控制模块。运用架构，撰写网络爬虫时就无须关注网络爬虫的所有步骤，错误处理、线程同步等诸多问题，仅需关注网络爬虫的关键逻辑性，如界面的获取、具体内容分析及其下一步的要求等。这样就能只撰写少许编码就能达到进行大规模采集数据的效果。不但提高开发高效率，而且网络爬虫的扩展性很强，进而极大地节约了开发成本费。相较于现阶段审计全面覆盖明确提出在搭建集中统一、全覆盖和权威性高效率的审计管控体系要求下，审计新项目时间紧迫，任务繁重，订单量要求严格及其审计工作人员少、任务多。运用网络爬虫框架在短期内针对所需要的审计信息进行收集不失为一种好的办法。

尽管目前市面上有着比较多的网络爬虫框架，可是比较常用的网络爬虫框架受开发者喜爱且被常用的一种开源网络爬虫框架却并不是很多，比如 Java 的 Apache Nutch、webmagic、webcollector、hreitrix3、crawler4j、Python 的 Scrapy 和 pyspider 等。

应用各计算机语言整理的网络爬虫框架各有优缺点，这里仅挑选 Java 语言表达整理的 Apache Nutch 框架和 Python 语言表达整理的 pyspider 和 Scrapy 架构开展对比分析。

Apache Nutch 是一个由 Java 计算机语言达到的开源网络爬虫框架。Nutch 一般用于百度搜索引擎开发，它带来了百度搜索引擎开发所需的所有专用工具（全篇搜索和网络爬虫）。Apache Nutch 适用分布式系统爬取，且涉及的软件（包含内置软件或第三方插件）丰富多彩，有力地提升了 Nutch 的功能和信誉，可以从容应对数据采集、查看、集群式和过滤等任务。可是 Nutch 很难做到精准网络数据。Nutch 这类“通用型网络爬虫”架构十分适合于百度搜索引擎，而审计中审计数据采集的效果在绝大多数前提下仅仅获得现阶段审计项目需求下所需要的审计数据进行分析，而非开发搜索引擎服务。因而，针对审计数据信息来讲，Nutch 网络爬虫框架并非十分合适。

Pyspider 是通过 Python 计算机语言开发出来的一款网络爬虫框架，有着商品级 Web UI、脚本编辑器、每日任务监控、新项目管理工具和效果 CPU，它支持多种数据库系统后面、多种多样线程池、JavaScript 渲染页面的抓取，用起来十分方便，能够快速容易地实现一个界面的爬取。可是如果想解决反爬水平较强、规模性数据采集这些问题，Pyspider 的配置化水平不太高，错误处理水平有限。Pyspider 尽管设定个性化，但是看起来灵便不足。

Scrapy 一样是通过 Python 计算机语言开发出来的一款开源网络爬虫框架。Scrapy 架构网络爬虫功能异常强劲，抓取工作效率高，有关拓展部件多，可设置和可扩展性水平很高，可以灵活地个性化抓取数据信息。Scrapy 可用作爬取 Web 站点并且从页面上关系型数据库中获取结构化的数据。Scrapy 还提供 selectors（一个在 lxml 的前提下带来了更高级的插口），能够有效地解决不完美的 HTML 编码，迅速方便快捷地获取数据存储结构，并用于大数据挖掘、监控和功能测试。Scrapy 可根据自己的需求便捷地修改，适用由内嵌界定模板形成网络爬虫文档，加快爬虫代码建立，同时保证在项目中编码不会改变。除此之外，Scrapy 还提供多种多样的数据导出文件格式（JSON、CSV、XML 等），在工程管路里可便捷地与数据库系统进行连接和传送数据。Scrapy 网络爬虫框架小区人数较多，文本文档健全，基本上可以解决现阶段每一个反爬网址，是当前 Python 中应用最为广泛的网络爬虫框架。

三、数据抓取

（一）正则表达式

正则表达式（也被称为 regex 或 rational　expression）是界定搜索模式的一系列标识符（identifier）。正则表达式主要运用于与字符串或字符串相匹配的匹配算法。一般地，利用正则表达式能够对字符串开展“搜索”或“搜索和替换删除”实际操作，或是用于键入认证。是指在理论计算机科学和形式语言理论中发展起来的一种技术性。正则表达式的特点是显而易见的：协调能力，强劲的思路，迅速的功能和操纵繁杂字符串的有效方法。给出正则表达式和字符串能够实现下列目的：明确给出字符串是不是符合正则表达式的思路，并且从字符串中获得特殊一部分或是获得特殊文本后并替换文本。

①检测字符串里的方式是不是符合正则表达式的思路。比如，在网站表单验证时，能够查看用户输入字符串是不是符合规定。②获得字符串内特定文本。比如，能把全部 HTML 文本看作一个字符串，在这样的情况下，可以用正则表达式规则检索全部 HTML 文本中特殊的符合大家要求（针对过时了的具体内容或原材料，能够删掉或修改）的内容。在这个过程中，全部 HTML 文本中受影响的那一部分仅包括一些符合正则表达式规矩的标识符。③获得特殊文本后并替换文本。可以用正则表达式来识别字符串中符合规定的标识符，并利用正则表达式的替换作用把这些不符合要求或是过时了的具体内容替换成新的内容。

（二）Xpath

Xpath 的全称为 XML PathLanguage，即 Xpath 途径语言表达。它是一种用于从 XMLword 里选择节点搜索信息的数据库语言。最开始，Xpath 用于从 XML 文档的寻找具体内容并获取数据。但是它一样可用于 HTML 文本文档。针对网页页面节点而言，能够界定 id、class 等属性，利用 Xpath 选择器能够精准定位一个或多个节点。在网页页面分析时，先利用 Xpath 在线解析获取某一节点，再启用对应的方式获得正文内容或其他属性，这样就能获取随意网页页面上边的信息。

做爬虫技术时，可以彻底用 Xpath 来做相应的信息提取。Xpath 的选择作用十分强大，它带来了十分简洁明了的路线选择关系式。与此同时，Scrapy 互联网爬虫框架带有的 Selectors 选择器还支持 Xpath 实际操作。Python 的 Xpath 选择器根据 lxml 库，它带来了好几个内置函数，可以从 Xpath 选择节点后，对文字、属性、标值等予以处理。基本上可以用 Xpath 获得网页页面上的所有由此可见的数据信息。

（三）JavaScript 处理数据爬取

有时候应用网络爬虫请求所获得的页面跟我们在浏览器中打开页面得出的结论并不一样，浏览器中可以看出正常的标注的页面数据信息，但是使用网络爬虫请求得出的结论并没有。由于网络爬虫请求所得到的页面全是原始 HTML 文本文档，而浏览器里的页面乃是通过 JavaScript 代码建立模型后产生的结论。网络爬虫读取数据的源头很有可能有很多种，既可能是在原始 HTMLword 里，也可能是根据 Ajax，还有可能是通过 JavaScript 和特殊优化算法测算后产生的。非常简单的方法是直接在原始 HTMLword 里得到数据信息。

（四）Cookies、代理和模拟登录

在访问网站环节中，经常遇到必须登录才可以访问数据信息（有一些网页页面登录一次可以连续访问数次，有一些一段时间就需重新登录）的现象。这就涉及 Cookies 和会话问题。Cookies 就是指一些网站为了能识别客户身份、开展会话追踪而存储在客户当地终端设备上的数据。Cookies 和会话相互配合，一个处在客户端，另一个处在服务器端，二者通力合作，完成登录会话操纵。因此，在对此类网站开展爬取时，必须携带访问的 Cookies 信息内容。

除此之外，对于有些登录账号只能储存一段时间的那就需要重新登录的网站，虽然能手动在浏览器里输入账户密码，然后把 Cookies 拷贝出来导入编码中去，但如果 Cookies 保存时间太长，就会显著增加人力任务量。这违反了网络爬虫全自动读取数据的经营理念。因而，就需要运用编码全自动仿真模拟登录网页并保存 Cookies。

最终，相对于网络爬虫而言，因为读取数据的速度过快，在爬取环节中可能会遇到同一个 IP 访问太频繁的问题，这时网站就会让短信验证或直接封禁 IP，给数据收集带来极大的不方便。因而使用代理来掩藏真实 IP，让网络服务器误认为是 IP 代理在要求。

能提高爬取效率。

四、数据存储分析

通过网络爬虫抓取数据后，接着开展数据的存放。保存数据的形式各种各样，简单的形式是直接保存为文本文档，如 TXT、JSON、CSV 等。此外，还能够保存到数据库文件，如关系型数据库 MySQL，非关系型数据库 MongoDB、Redis 等。

（一）文件存储

文档存储格式有各种各样，既可以保存成 TXT 纯文本形式，还可以保存为 JSON 格式、CSV 格式等。下面简单介绍几类格式的优缺点：

1.TXT 文本存放

将数据保存到 TXT 文本的操作方式比较简单，并且 TXT 文本基本上适配一切服务平台，主要缺点是不易于查找。因此，对于检索要求不高的项目，追求方便第一可以考虑使用 TXT 文本格式进行存储。

2.JSON 文档存储

JSON（JavaScript Object Notation），即 JavaScript 目标标识，根据对象和二维数组的搭配来描述数据，结构型水平很高，是一种轻巧型数据互换格式。

3.CSV 文档存储

CSV（Command-Separated Values），中文叫作逗号分隔值或字符分隔值，其文本以纯文本形式存储表格数据。相比较于 EXCEL 文件，CSV 文件更加简洁，它不包含文本、数值、公式和格式等内容，就是特定的字符分隔的纯文本。

（二）关系型数据库存放

关系型数据库是基于关联模型数据库，而关系模型是由二维表来存放的，每一列是一个字段名，每一行是一条记录。表能够看作某一实物的结合，而实体线之间有联络，那就需要表与表之间的关联方式来反映，如主键和外键的关联性。好几个表组成一个数据库，其实就是关系型数据库。关系型数据库各种各样，如 SQLite、MySQL、Oracle、SQLSever、DB2 等。

（三）非关系型数据库存放

非关系型数据库，又称为 NoSQL，全称是 Not Only SQL，代表着不单单是 SQL。NoSQL 都是基于内存，并且不需经过 SQL 层分析，数据本身没有耦合度，特性很高。

非关系型数据库又能够细分化如下所示：①键值存放数据库：代表有 Redis、Voldemort 和 Oracle BDB 等。②列存储数据库：代表有 Cassandra、HBase 和 Riak 等。③文本文档型数据库：代表有 CouchDB 和 MongoDB 等。④图形数据库：代表有 Neo4J、InfoGrid 和 Infinite Graph 等。

针对网络爬虫的数据存放而言，一条数据可能出现一些字段名获取不成功而缺乏的状况，并且数据很有可能随时调整。此外，数据中间还存在嵌入关联。如果采用关系型数据库存放，一是要提前建表，二是如果出现数据嵌入关联的话，要进行实例化实际操作才能够存放，因而很不便捷。假如使用了非关系型数据库，就能避免一些不便，更为简单有效。

第二节 网络爬虫技术在审计中应用性分析

伴随大数据和人工智能的发展，审计工作中遭遇一个新的挑战和机遇。习近平总书记明确提出，必须坚持科技强审，提升审计信息化基本建设。审计人员要开拓创新，自主创新审计理念与方法和技术，善于获得数据与分析数据，运用大数据技术性推动审计工作效能。

大数据条件下必然对审计构思、审计方式、审计方法与管理制度层面产生深刻的影响，与此同时，大数据和人工智能的发展又为提升审计工作效能，完成审计的全覆盖发挥了积极作用。审计单位应当顺应潮流，积极推进创建融入审计工作中大数据来推动审计工作效率。创建审计大数据重要基础取决于数据信息的核算，大数据条件下，为确保数据的品质应该考虑以下几个方面。

第一，数据及时性。数据首先是现阶段工程项目的必要因素，假如是过时了的信息和数据也就失去了使用价值。审计工作中对数据规定更加具有及时性，一个时期工作或者一个审计新项目对时间都有一定要求。比如某地对其 2021 年项目资金审计时要明确近两三年可以享受惠民政策的贫困户，就需要以 2020 年年底锁定的“低保”贫困户数据，而不可以用年前的数据。同时要不断更新规章制度。很多数据都是在即时转变版本更新，像审计常用的一种精准脱贫“低保”总数、“地保、城保”总数、户籍登记等，每一个本年度，乃至每季度、月份都是在转变，所以一定要随各个部门数据转变自动更新。

第二，数据精确性。仅有正确数据才可以梳理判断出正确结果和结论，这就需要审计工作人员在收集数据时通过对不同方式获得数据进行比对分辨，做到精确。比如某地在 2021 年省医保费用审计中，审计组运用县公安机关收集户口信息和医疗保险具体费用报销工作人员信息进行比对，发现多人在公安机关登记身亡但卫生行政部门存有费用报销医疗费情况，涉嫌骗取 160 多万元医保费用问题。为了慎重起见，审计组花掉了很多时间研讨、实地考察，和民政部门统计分析等相关部门数据核对，最终评定公安机关身份信息严重失真。说明不正确的数据会导致审计错判，更会增加审计成本费。

第三，数据相关性。大数据特性之一就是数据规模极大且类型多种多样。但并不是数据收集越多越好，收集不相关的数据、信息也只能是瞎忙。首先数据信息之间有可能性的逻辑关系。次之数据信息中间可以有证实功效。例如最近开展保障性住房审计中，怎么判断违反规定享有保障性住房工资待遇难题还是要从三组数据证实。（1）是否属于高收入群体，要收集住房公积金组织数据和税款收缴的个人所得税数据。（2）是否拥有交易车辆，就需要收集公安机关车辆信息。（3）是否存在自买住宅，就需要收集房产部门的房子信息。这种数据信息具有相关性。

第四，数据形象性。用一张表、一张图一目了然地呈现出来比繁杂数字要好很多。人具备视觉性，人对图片、报表的敏感性远远超过对数字的敏感性，用数据图表能使数据较为清晰地呈现出来，并且发展趋势的转变或构造一目了然，还能够做到图片配文字实际效果。因此怎么让数据层次分明形象化地呈现出来是数据收集关键标准。

第五，数据整体性。数据信息的缺失极有可能没法得出正确判断，因此收集信息情况下一定要详尽。一是内容要全。与审计工作与审计新项目有联系有好处的数据、信息均要收集。二是类型要全。不但要有会计数据并且还要有业务流程数据。不仅要有报表，而且应该有照片。三是政策法规要全。信息上传须有财政局财务管理制度。还应该有被审计目标相关法律法规。四是实例要全。大数据的建设最主要目的之一就是为审计给予帮助与服务。从在实践中总结出来的经验与实例可以为审计提供比较大的协助。

大数据审计在审计行政机关工作上非常重要。一定要做好大数据审计，数据收集是关键，收集不上数据，大数据审计就无从说起；数据剖析才是关键，紧紧围绕审计关键开展数据剖析，发觉审计疑问，剖析宏观经济政策实施情况。数据收集及清除变换、数据剖析、数据模型等各个环节既互不相关又相互关联。

一、审计数据采集难点

随着大数据审计的开展，数据收集和分析的难题和难点也在逐渐显现出来，实际可以概括为以下几个方面：①被审计企业从数据安全与信息保密的角度考虑，推迟乃至未提供电子器件数据。②审计新项目涉及单位诸多，而各个部门之间有信息不对称难题，导致数据难以获得。③审计工作人员一般能熟练操作 SQL Server、Access 等数据库，但是对 Oracle、Sybase 等其他数据库了解不足，在审计过程中遇到陌生数据库系统时不能进行数据实际操作。④信息系统的数据无法导出来和备份数据。有些账务软件或业务管理软件并没有数据导出来和备份数据作用，信息系统的操作及管理者无权限登录后台数据库，因此没法收集数据。⑤信息系统并没有数据库结构与数据词典。有些信息系统并没有独立的数据结构表，手机软件开发商和被审计企业间因版权问题、花费未还清等因素引起纠纷，无法提供数据库结构与数据词典。⑥数据由来比较有限，数据剖析难出成果。在数据时期，数据剖析必须有各种各样相关性数据，相关性数据越低，数据分析就会难以从不同角度进行比较认证，找到的审计疑问还会越低。

大数据时期，数据渗入在各行各业。审计发展至今，审计大数据的开展变成解决将来审计挑战的关键宝物，都是完成审计全面覆盖的必然选择。现阶段，审计署把大数据核心内容归纳为三个集成化和 5M。在 5M 中，审计大数据必须做到数据之间的关联。在审计大数据中，不但必须做到对各个被审计企业数据的多种管理方法，还需要保证财政局、金融和公司之间数据关系，多部门联合跟多行业数据关系及其财政局数据与业务数据和宏观经济政策数据的相关性。应用跨行业、跨业、跨能力和跨全面的数据更好地发现审计疑问和审计案件线索。

但是，“数据荒岛”状况和欠缺对外界审计数据收集方式的科学研究，变成了完成三个集成化和 5M 面临的难题。近些年，审计信息化管理的基本建设井然有序，为推进三个集成化和 5M 打下基础，但同时也增添了考验。因为缺乏统一信息化建设和发展整体规划，各个部门、各个行业、各个领域乃至同一企业内部结构都存在数据相对独立和密闭的状况，“数据荒岛”状况凸显及其抵制外界审计数据收集方式的科学研究，对审计数据集中化分析与相关性分析、完成数据的数据共享带来极大的困惑。

怎么突破“数据荒岛”和对外界审计数据收集的缺乏，便捷有效地进行审计涉及数据收集，完成各个领域、不同种类的数据的收集成为当前审计数据收集的重点和难点。

二、网络爬虫助力审计数据采集

对于以上这些难题，根本原因是目前审计电子器件数据采集主要是对被审计企业系统中数据开展采集。大数据审计条件下，审计所需的数据不仅包含被审计企业所提供的数据，还一般包括和被审计企业有关的社会发展数据。审计工作人员针对被审计部门的数据采集可以借助数据库等方法进行采集，但对于外界审计电子器件数据的获得只能靠审计员工进行烦琐的手工整理。

网络爬虫技术是一种也可以根据大家所下发的命令开展行为，全自动采集总体目标数据的一种技术方式。针对数据的采集，网络爬虫技术有以下优势：①即时采集，确保数据的及时性。网络爬虫技术也可以根据所下发的命令，即时开展采集数据。比如，大家可以在网页爬虫中设置每过 1 天进行一次数据的采集，网页爬虫便会隔一天运行一次，对自动更新的数据开展采集，从而保证了数据的更新不会有难题。②全自动采集，确保数据的准确性。网络爬虫技术是一种电子计算机自动进行数据采集的办法，它不需要人工干预，从而降低了由于人为因素而造成的数据不正确的难题。比如，针对人为因素收集数据工作的人员，大家经常会听到这种埋怨：即便很用心地输入了每一个数据，可得出的结论总不能比较满意，总会有出入。出现这种现象，根本原因是工作人员考虑不周全，人为因素键入大量数据，常常会因为错误操作而造成数据有所出入，而网络爬虫技术是通过电子计算机自身开展数据采集实际操作，因为我们设定好标准，电子计算机便会依据事先设定好的标准进行数据的采集，不会出现人为因素而造成数据不正确的难题。③全自动采集，确保数据的完好性。网络爬虫技术全自动采集数据，不会因数据的缺失而引起数据不完善。④全自动采集，数据存放便捷多种多样。网络爬虫技术全自动采集数据的前提下能够进行数据的存放，针对互联网技术多源异构数据，能够有目的地选用文本文档，关系型数据库和非关系型数据库开展数据存放。⑤全自动采集，有利于数据剖析。互联网技术作为人类的历史较大的基础知识库房，都是没有充足结构化的。现阶段互联网技术仅仅是一些文字等多媒体系统数据的汇聚，具体内容尽管很有使用价值，可是程序分析数据有时候是不能使用一些没有结构化的数据。因而，网络爬虫技术在采集数据的前提下能将非结构化数据转化成结构化的数据，为数据采集后数据剖析提供便利。

利用网络爬虫技术进行审计大数据的采集。网络爬虫根据审计人员所下达的指令进行行动，可以快速根据审计业务内容抓取到审计人员所要的目标数据进行分析，及时反映出审计线索和问题。网络爬虫有以下优势：一是扩展信息内容采集方式，提高审计电子器件数据完好性。将网络爬虫技术引进审计电子器件数据的采集，对外界网站公布的和被审计企业活动相关消息适度捕获，丰富审计案源案件线索；并将数据采集精准定位在具体的审计业务范畴上，全自动采集工作效率高，统计分析方法及其指标值可操作性强。二是结合多方面信息内容，对所审计企业电子数据真实有效认证。能够依据被审计企业内部结构数据信息内容，对在网络上和被审计企业相关的各种数据进行协助审计分辨与真实有效认证。三是加强数据信息内容关系及应用，提升外部环境数据的相关性。数据采集融合数据剖析，设立了各种信息特征间的相互关系和逻辑关系，有利于探寻审计疑问和发觉审计案件线索。

总的来说，大数据条件下，审计人员及审计行政机关必须自主创新审计技术与方法，选用网络爬虫技术开展审计大数据的采集和分析。大数据条件下网络爬虫技术在审计中运用可以确保审计数据自动更新，与此同时，审计数据的准确性、完整性和整体性得到确保。网络爬虫技术在审计中的运用可行性分析得到认证。

第三节 基于网络爬虫的审计大数据采集

一、基于自定义通用网络爬虫的审计大数据采集

（一）自定义通用网络爬虫

通用网络爬虫是互联网搜索引擎（百度搜索、Google 等）不可或缺的一部分，目的是在网络中收集网页、录入信息、为搜索引擎建立索引给予支持，通用网络爬虫性能取决于搜索引擎内容是否丰富、信息内容反映是否及时。

搜索引擎的通用网络爬虫的最基本工作内容如下：①从种子 URL 开始，添加网络爬虫队列。②爬取 URL，解析下载网页，在网页中分析获得一个新的 URL，添加爬取队列。③剖析获得一个新的 URL，将一个新的 URL 开展去重复等行为后，添加待爬取队列，进入循环系统。

在通用网络爬虫中，搜索引擎通用网络爬虫所返回结果还是网页，绝大多数情况下，网页里边的绝大多数具体内容对于用户来说都是毫无意义的。因而，针对不同的行业、不一样的背景客户，必须通过通用网络爬虫获得特殊领域内的数据信息，能够自定加上

具体内容获得控制模块，获得网页里的文本数据、照片、数据库系统、短视频或是声频等不同种类的数据来达到实际的需要。

（二）基于自定义通用网络爬虫的审计大数据采集框架

自定通用性网络爬虫能从互联网技术中收集网页页面，采集信息内容，一般而言，通用性网络爬虫用以为百度搜索引擎建立索引进而给予支持。在审计工作中，当审计主题风格包括覆盖面广、审计疑问掩藏深及其审计案件线索无法探寻时，可以使用自定义的通用性网络爬虫技术对各大网站数据开展采集与分析，进行使用数据分析发现审计疑问和审计案件线索。

选用网络爬虫科技的审计大数据采集架构主要包含审计内容识别与审计项目需求分辨控制模块、网络爬虫控制模块和审计数据剖析控制模块，详细介绍如下。

1. 审计内容识别与审计项目需求分辨控制模块

审计数据来源事关审计电子器件数据的可靠性与真实有效，与发现审计难题的准确性与稳定性有关。采集审计数据前，应该根据审计具体内容和实际审计项目需求，挑选靠谱审计数据来源开展审计数据采集。具体流程如下：①明确采集要求。紧紧围绕审计总体目标，根据具体审计业务范畴，产生需求分析报告。开展采集数据前，必须清晰此审计的主要目标及其具体审计业务范畴来采集所需要的审计数据展开分析。②挑选靠谱审计数据来源。明确审计总体目标以后，必须探寻能够完成审计目标数据来源网站或App开展数据采集与分析。比如，针对国有企业的审计，采集的靠谱审计数据来源包括企业的会计及表格数据、供应链管理数据、工商局数据、司法机关和海关部门数据、个人征信数据、互联网舆情或消极事情数据、环境保护数据和电商买卖数据等公开公布在相应网站或App里的互联网数据。

2. 网络爬虫控制模块

网络爬虫控制模块利用网络爬虫技术对靠谱数据来源网站或App开展审计数据采集，包含数据的采集、数据的清洗存放。具体流程如下：①网络爬虫采集总体目标具体内容。依据上述对网页页面的解读，选用对应的网络爬虫语言表达，如Python、Java、R、C#等，来编写网络爬虫编码，获得总体目标网页页面，分析得到总体目标文本信息和数据，并且对获取一个新的URL依照实际需求循环系统。②数据清理与数据存放。对网络爬虫采集审计数据，清理不符审计项目需求的采集数据。针对数据量比较小的小数据集，可以采取Excel或是CSV、TXT等文件格式去进行存放。针对数据量较大的数据集，必须利用数据库开展存放，如针对结构化的数据，可以用MySQL、Sqlserver和Oracle等数据库来开展存放，但对于文字、图像和视频等非结构化数据，可以采取MongoDB、Redis等Nosql数据库开展存放。

3. 审计数据剖析控制模块

审计数据的采集是做好审计数据剖析的前提条件。大数据时期，依靠传统审计方法与技术开展审计剖析无法发觉审计难题，必须利用大数据研究的方法，如聚类算法、关联规则剖析、Logist 重归等方式来发掘审计疑问，探寻审计案件线索。除此之外，还能够利用人工智能技术、机器学习算法和神经元网络的方法去剖析数据作为审计直接证据或是审计证据填补。

二、基于聚焦网络爬虫技术的审计大数据采集

网络上都可以找到许多有用的信息。尽管有大量网页在网络上，只有极少数是我们某一审计项目所需要的或关心的。通用性互联网爬虫的目的是尽可能抓取任何网页页面。在这一过程中，大家不是很关注网页页面获得顺序和获得的主题是什么。这将会消耗大量的服务器资源和服务器带宽，并且这些资源与网络带宽的消耗根本无法产生效率的提升。可是，聚焦网络爬虫或主题互联网爬虫会依据事先给定的主题剖析网页链接并免费下载网页具体内容。它们预测分析下一个要爬取的 URL 和现阶段网页相关性，以保证尽可能多地爬取和免费下载与主题有关的网页，尽量少地爬取和免费下载与主题不相干的网页。

对焦爬虫加了排序模块和根据通用性爬虫的主题创建模块。选用对焦爬虫技术性，从审计项目主题有关的网页获得与审计项目有关的审计数据。对焦爬虫的流程步骤如下：①爬虫模块获得网页。②相关性分析模块网页与财务审计主题相关性。③爬虫模块依据讲解的不一样结论进行一定的解决。④排序模块依据网页的权重为爬虫序列排序。⑤爬虫模块从爬虫序列中获得一个等待 URL 并执行。⑥循环系统到第一步，直至爬取序列为空。

聚焦网络爬虫则按照一个早已预定好的主题开展抓取收集，最后对收集结论进行汇总，其抓取网页页面具备很多关联性。相对通用性互联网爬虫，主题互联网爬虫所耗费的资源与服务器带宽越来越少，所收集的主题有关性很强，界面的使用率更高一些。

（一）网页搜索策略

随着科学合理技术的不断发展，特别是云计算技术和人工智能技术的发生，所形成的数据量呈现指数型增长。在“互联网技术　”时期，互联网（WWW）网页页面不计其数。对一望无际的互联网技术页面获得会消耗大量资源。因而，必须在有限资源范围之内，选用一些策略，运用网络爬虫技术获取关键网页。运用图论里的专业知识，能把互联网技术想象成一张偏向成千上万方位一望无际的图，每一个网页全是数据图表的一个连接点，每一个网页里的超链接全是数据图表里的弧形。从超链接开始，能从每一个连接点（每一个网页）考虑，应用图论里的遍历算法，全自动依据超链接浏览每一个页面，从页面存放所需的信息内容。

（二）网页检索策略

目前而言，热门的网页检索策略主要有三种，深度优先、广度优先和最佳优先。

深度优先搜索策略（DepthFirst　Search），也就是从一个网页页面或者一个超链

接相对应的网页页面开始，挑选其中的一个超链接开始开展赋值检索，直到获取到这一条超链接相对应的底层页面才行。随后，回到最开始的页面，重新选择一个超链接实行相同的实际操作。随着算法设计和网页构造日益繁杂，深层检索优先选择的策略也会导致网络爬虫在不断循环的情形下发生交叉引用。因此深度优先网罗爬虫一般也会导致深陷难题。

因为深度优先网罗爬虫的不足难题，广度优先搜索（Breadth First Search）出现了。广度优先搜索，从一个 HTML 页面或者一个超链接相对应的 HTML 页面开始，最先获得该原始网页页面下全部超链接相对应的网页。当一级页面每一个超链接相对应的网页被免费下载后。挑选其中一个，对二级网页页面中所有超链接相对应的页面开展获得。不断实行实际操作。广度优先搜索会防止深度优先搜索发生的 trapped 难题，且运用优秀的算法能够实现两个超链接相对应的网页页面的最短路径算法。因此，对焦网络爬虫在爬取网页时普遍使用这类策略。但使用广度优先策略对于需要循环遍历的网页开展获得时，会消耗大量时间，高效率比较低。

（三）主题相似度判断

为提高资源利用率和节省项目时间成本，需要在项目使用网络爬虫过程中针对重要网页提取关键信息。因此，使用最佳优先搜索（best-first search）的主题相似性判断方法。此方法的思想是对爬网队列进行分析和排序，并优先抓取最佳 URL。设计了一组关键的信息来描述爬行主题。每个关键字的权重由 TFXIDF 表示。

TF（Term Frequency）是指文本中单词出现的频率，用于增加关键词的权重。它被定义为：

$$tf_{i,j}=\frac{n_{i,j}}{\sum_k n_{k,j}}$$

其中，$n_{i,j}$ 表示文件 d_j 中单词 t_i 的出现次数。$\sum_k n_{k,j}$ 表示文件 d_j 中所有单词出现的总和。

IDF（反向文档频率）用于减少公共单词的主题权重。它被定义为：

$$idf_i=log\frac{|D|}{\left|\{j:t_i\in d_j\}\right|+1}$$

|D| 是语料库中的文件总数。$\left|\{j:t_i\in d_j\}\right|$ 是包含单词 t_i 的文档数。

TFXIDF 表示单词的权重，用于权重排序并获得 Top-N 作为文本的关键字。它被定义为：

$$w_{i,j}=tf_{i,j}*idf_i$$

使用向量空间模型算法计算主题的相关性。将关键字的数量 n 作为向量空间的维数。每个关键字 k 的权重 w_i 是每个维度的值。$f_{k,q}$ 是指主题 q 中关键字 k 的权重。主题定义为：

$$\partial = \sum_{k \in q} f_{k,\,q} = \left(w_1, w_2, \cdots, w_n\right)$$

分析页面 p，计算关键字出现的频率，并找出频率的比率。具有最高出现频率的关键字用作参考，其频率由表示 x_i =2T。通过频率比，找到其他关键字的频率 x_i 。该页面的相应向量的每个维度的值由 $x_i w_i$ 表示。页面主题定义为：

$$\beta = \sum_{k \in p} f_{k,\,p} = \left(x_1 w_1, x_1 w_2, \cdots, x_1 w_n\right)$$

（四）关键字多模匹配

20 世纪 70 年代末创造了一种基于比较有限情况自动机（FSA）多渠道匹配算法的字符串数组检索算法，称为 Aho-Corasick。Aho-Corasick 算法为匹配前的所有关键字结构比较有限方式匹配有限状态，仅需扫描文本一次就可以完成匹配工作。一般的字符串数组检索算法必须在每一次匹配时返回到起始点，可能会导致非常低的实行效率。Aho-Corasick 算法能够避免由回退所引起的效率消耗。出自这些原因，它在实验中用以匹配关键字。该算法在实施过程中必须完成三个函数公式：Goto、Output 和 Failo，伪代码如下所示：

```
q：=INIT_STATE；//root
for i：=1 to m do
while g（q，T[i]）= ∅ do
q：=f（q）；//follow a fail
q：=g（q，T[i]）；//follow a goto
node：=q;
while node ≠ root do
if flag（node）≠∅ then print i，out（node）；
node：=f（node）；//backtracking
end for;
```

其中，T 指的是目标字符串，其长度为 m。q 指的是字典树的节点指针。g 返回从节点 q 到路径 T[i] 到达的下一个节点指针。f 返回节点的回溯节点指针。flag 确定节点是否为标志节点。

（五）主题爬取步骤

首先，我们给出如下三个定义：

（Def 1）主题：$T = \{k_1, k_2, k_3, k_4, \cdots\}$， k_i 指关键字；

（Def 2）主题权重表：$K-W=\{\langle k_1,w_1\rangle,\langle k_2,w_2\rangle,\cdots\}$，$w_i$ 指关键字的相应权重；

（Def 3）抓取队列：$Q=\{\langle u_1,r_1\rangle,\langle u_2,r_2\rangle,\cdots\}$，$u_i$ 指 URL，r_i 指相关性得分。

主题爬虫技术实际步骤如下：①初始化、界定主题集合 T、阈值、抓取深层、需要总数、初始 URL 集合等。②假如抓取队列 Q 不为空，则取下 URL 放进 Scrapy 开展解析下载，获得 HTML 文本。③从初始 URL 集合页面中获取全部 href 特性，开展 URL 归一化，最终导入抓取队列中。④根据对于非初始 URL 集合中页面开展编号、编解码、去噪，获得通过清洗的文本，并获取文本。⑤对提取文本开展主题相似度分辨，并存放主题有关网页页面。⑥对新窗口里的 URL 开展规范性和去重，随后导入抓取队列中。⑦依据 K-W 表对爬取队列开展优先级排序。⑧反复，直至抓取队列为空，或超过较大深层，或做到需要总数。

（六）基于聚焦网络爬虫的审计大数据采集框架

根据对焦爬虫技术的财务审计大数据采集与分析框架，实际步骤如下：①明确数据收集由来。对于实际财务审计要求，对各个门户网、百度搜索引擎和政府机构公开网站等开展数据收集。②结构原始 URL 加入原始 URL 种子队列，并加入网络爬虫队列。③运用 Scrapy 互联网爬虫框架，根据模块启用调度器，调度器要求下载器下载 html 文本。依据初始 HTML 页面和 JavaScript3D 渲染页面的差别，针对初始 HTML 文本包括页面具体内容，直接从 spider 中要求链接获得；针对 Ajax 载入页面，剖析真正链接利用 spider 要求获得；JavaScript3D 渲染页面选用 selenium ChromeDriver 模拟电脑浏览器读取数据。④对获得的 html 文本开展文本提取和链接提取，测算主题相似性，针对合乎主题相似性链接添加一个新的 URL 队列，再重进网络爬虫队列抓取。⑤针对提取文本，利用新项目管路对数据进行清理、认证，最后存放到数据库系统。⑥从数据库系统获取数据开展数据统计分析财务审计。

第三章 非现场审计模式与云计算的融入

第一节 云审计的概念与框架体系

在云计算技术在商业及社会中得到运用的同时，其自身也成了信息载体，然而审计业务也会运用云计算技术获得全新的发展空间。因为云审计并不是一个难以理解的高深理念，而是在审计发展过程之中产生的一种全新的状态，在云计算成为互联网资源之中一种较为关键的运用资源以后，就会形成全新的机会成本优势，并且不断累积，最为核心的是，人们在日常工作之中能够节约大量的时间，在云计算技术实际运用过程之中，也能促进审计工作到达云审计阶段。

一、云审计信息化的发展趋势

云计算是由网格计算和分布式计算以及效用计算等多个传统计算机和网络技术融合所出现的产物，主要的目标就是通过网络把多个成本比较低的计算融合在一起，构建一个完善的计算系统，并且运用多项先进的商业模式，将这个计算系统直接分布在用户手中。云计算的核心要求就是通过云处理能力的运用，减少用户运用的处理负担，让用户端使用更加简单地直接输入与输出，确保设备能够真实地运用云计算的强大处理能力，把各种各样的网络信息资源共同管理与调度，打造一个信息资源池，给用户提供服务。

云计算技术在审计工作之中的运用能够构成云审计，也就是说，通过审计技术与云计算的融合，能够使审计工作具有全新的发展空间，由于云计算本质上就是计算机和互联网的融合，也对现有的技术内容进行了大幅度的创新，并且云计算能够确保用户更为关注审计工作，突破对于硬件设施及软件程序的依赖，将更多的精力放在审计信息获取以及分析系统上。云审计就是在云计算核心的基础上构建平台，运用数据储存以及各种审计数据的信息化和数字化，确保审计工作者与程序和相关设施都能够通过语音共同协助工作，让资源的运用更加充分也能促进信息的沟通交流，在与审计工作开展时，审计工作者需要依照自身的时间以及工作模式开展审计，既不需要思考使用哪种程序，也不需要关注数据的储存共享以及工作效率等各项问题，只需要关注工作自身，把云端那些烦琐内容全部都让数据后台自主解决，而工作人员并不需要了解运作原理，只需要考虑到自身在日常工作使用过程之中的便捷程度。这也属于信息时代背景下出现的一种全新的变化，也是当前全新时代背景下审计信息化工作的根本需要，在云审计工作开展是通过第三方所提供的云计算平台，可以把数据和程序全部联系在一起，让审计工作人员不需要在同一个位置就能够通过数据的共享与协同工作完成相关的审计工作，而这些都需要运用到云技术，不但能够促进管理审计多项数据资料的融合，也能针对已经收集的数据进行创新与整理，从而更好地促进智能控制对审计模型的合理运用，确保审计工作的质量提升。

（一）云计算技术的发展为审计信息化发展带来的机遇

1. 云计算技术在一定程度上可以降低审计资源“云化”的实施与运行成本

审计资源中的信息资源、技术资源、社会资源均属于审计信息化建设中的公共审计资源，而审计信息化建设的成本可分成一次性成本和经常性成本两部分。一次性成本是指审计信息化建设系统开发和执行的初始投资，主要包括：硬件成本、软件成本、人员培训费用、场地成本；经常性成本是指在审计信息化系统建设整个生命周期内反复出现的运行和维护成本，主要包括：人员成本、硬件维护成本、软件维护成本、耗材成本、风险控制费用、其他费用等。现有的信息技术手段造成目前的审计信息化建设实施与运行成本较高，以致影响我国审计信息化建设的进一步发展。一般来说，采用云计算技术则没有任何基建投资，没有硬件购置成本、没有需要管理的软件许可证或升级、不需要雇佣新的员工或咨询人员，也不用承担机房空间、电力以及人力等成本。因此，采用云计算技术在一定程度上可以降低审计资源“云化”的实施与运行成本。

2. 计算技术的应用使研究审计资源“云化”成为必然

近年来，云计算的概念已经普遍被人们接受，越来越多的信息系统将运行在云计算平台上。21 世纪初期，云计算技术是重点发展的新一代信息技术。将来会有更多的被审计单位开始采用云计算平台运行自己的应用系统，这使云计算平台成为审计单位的审计对象。因此，研究审计资源“云化”将成为我国未来一段时期内审计的重要组成部分。

3. 政府信息化建设为实施审计资源“云化”提供了机遇

近年来，我国政府开始投资大量资金开展信息化建设，一些政府已经构建了自身的云平台，比如金融和电力以及铁路等多个行业，都完成了信息化与联网化经营，而国家单位与国有企业信息化水平的提升，也使审计资源的“云化”具有了相应的条件。

4. 用云计算技术能更好地满足新形势下审计发展的需要

由于审计单位的信息化程度不断提升，我国的审计内容以及审计对象和资料等都开始出现了数字化与信息化的特征，而当前由于审计资源之中的数据内容较为广泛，并且还有很多跨系统以及行业的数据分析，导致在审计工作开展中容易出现诸多问题，然而云计算技术的运用则能够促进这些问题的解决。

（二）云审计是云计算推动的结果

1. 云审计是对云技术的应用实践

云审计实际上是属于云计算的实际运用。由于云计算具有较大规模以及虚拟化特征，因此如果单纯依靠人力的审计服务以及相应的目标明确的传统审计产品技术，对云计算技术来说不够合适，云审计属于综合使用各种云计算技术所搭建的平台，需要通过多种服务去满足用户的不同业务需求以及在风险审计中的需求，比如财务工作人员通过云审计平台所提供的服务，就能了解自身所需要的信息数据，从而为后续的财务审计工作开展打好基础，而安全人员运用云审计就能够了解到安全审计的记录，及时地识别以及防范诸多安全问题。除此之外，云审计平台需要专业人员去建设和维护，针对于用户来说，只需要依照于业务的实际要求去使用相匹配的服务，并且按照使用的服务类型去支付相应的费用。

2. 云审计是对云风险的综合管理

一方面，云计算是信息技术应用领域的一场变革，通过综合应用虚拟化、分布式计算、负载均衡等多种技术，使“云”具备了更强的计算能力和存储能力；另一方面，“云”中资源的物理属性和实体信息却被完全屏蔽，用户不知道为自己保管数据的物理存储正在经历哪些重大威胁，比如地震、火灾，或者是已经达到使用期限，此刻一切正常的业务是否会在下一秒意外中断或者响应缓慢。当业务和数据从传统的信息系统环境迁移到“云”，安全已经不是信息技术带给用户具有唯一的问题，其他方面的风险同样甚至更加需要管理。例如，隐私保护，操作合规，司法取证，业务持续，等等。所以，云审计定位为云计算风险的综合治理，用户通过应用云审计服务，不仅保护“云”上业务和“云”中数据安全，而且有效应对在效果、效率、可靠以及合规等其他业务需求的风险隐患。

3. 云审计是云计算发展的助推器

在选择以及使用云计算服务的问题上，除了效率与成本之外，数据安全以及成功案例和风险控制能力等多个问题，都是用户需要关注的问题，而面对用户所关注的这些问题，我们除了案例研究以及给出建设标准等各种相对客观答案之外，还有一些问题是属于主观范围内，这些评价主要就是云计算的运用提供人员自身的可信度需要打折扣，更为合理的方式就是第三方在持续监管以及分析的基础上，对于云计算作出客观公正的评价与审计，现阶段就是这么一个角色用户运用于审计的服务，就能了解评价信息，并且认知云计算使用以及建设和运营维护各方面的实际情况，把握业务与数据，在使用云计算服务的时候所存在的风险，从而更加恰当地合理运用云计算服务。

一定意义上讲，用户对于云计算服务的信任程度也是确保云计算相关行业能够稳定发展的动力源泉，而云计算技术特点以及商业形式也会影响用户在运用云计算服务的时候的实际情况，例如数据以及业务带来的风险，因此就会导致数据安全以及隐私保护等各项问题，成为用户最为关注的问题。所以为了确保云计算行业的长远发展，我们就需要制定一个问题解决方式，帮助用户打消疑虑，让云计算技术的运用更为广泛，促进云计算行业的长远发展。

二、云审计的概念

语音计算和审计的融合打造了语音审计。针对语音审计来说，并没有一个明确的定义，这是由于云计算是在不断的发展过程之中，而这种不断的发展，也会让人们针对云审计的认知理念不断深入，甚至还会影响到审计技术方式以及审计思维的转变，云审计的概念没有一个统一的定论。简单而言，就是在云计算的核心基础之上构建一个平台，运用各种审计资源，包含审计工作者与程序和相关硬件设施，通过协同工作的方式，为审计人员提供更加具有效率的审计工作流程，确保审计工作信息化，让信息达到交流与共享，确保审计资源合理运用。审计工作者需要依照自身的时间以及方式开展审计，把一些较为复杂的技术让技术后台自主解决，而审计人员不需要了解后台的运作原理，只需要了解实际使用过程之中的便捷程度，这也是信息时代发展之中的必然选择，也是当前全新审计工作的根本需要。

（一）政府审计人员眼中的云审计

自我国审计署成立以来，政府审计工作已经历经了几十年的发展，然而从现阶段情况来分析，除了信息技术在一定程度上导致审计劳动工作强度降低，并且有效提高了审计效率之外，并没有出现巨大的审计技术转变。目前只有云计算能够确保审计技术出现变革，不但是由于云计算本质上来说就是计算机技术与互联网技术融合最为优秀的技术手段，并且综合运用还能够促进现阶段各种技术方式的创新与发展，也是因为云计算能够让审计工作人员更为关注审计工作，突破对于硬件以及程序的依赖度更为集中地去考虑审计工作自身。如果不谈自建模式，运用第三方平台搭建的模式，就能够构建一个能够让不同的审计工作者所需要资料都放入其中的系统平台，对审计的数据以及管理数据进行统一，并且达到资源共享，包含了现场审计数据以及历史数据和导入数据与法律法规文件等。这些数据能够及时更新与整合，共同放置在统一的平台上，搭建以及使用不同的审计模型，从而确保审计工作更加自动化与智能化，有效地节约了审计工作的时间，也使效率得到了提高。

（二）财务人员眼中的云审计

在财务审计人员眼中，云审计就是利用第三方提供的“云计算”基础平台，实现审计信息的数字化，从而促进信息共享以及沟通，优化资源利用等目标。“云审计”是一个系统平台，不仅可以归集和管理审计所需的各类资料和数据，对容纳的数据进行时时更新和有机集合，而且能够智能控制对审计模型的选择和使用，保证审计过程的质量。

通过使用第三方提供的云审计平台和服务，财务审计业务在节约时间、资料共享、信息沟通以及质量控制等四个方面收获价值。因此，在财务审计人员眼中，云审计只是传统审计业务发展进程中具有普及价值的一个解决方案，是传统审计向“无IT基础设施”阶段的一次迈进。

（三）安全人员眼中的云审计

安全审计属于信息技术发展过程中的核心内容，我国的信息技术安全等级制度要求在二级以上，因此相关的信息系统部署都需要运用安全审计机制，依照等级要求，对于相关安全问题进行记录与储存。从信息安全工作者的角度来说，云审计属于将安全审计技术产品融合在一起，并且能够切实地记录与分析和响应信息安全事件，确保资源的安全使用，因此是对用户数据进行保障的主要途径。

三、审计云类别

（一）审计私有云

1. 审计私有云的概念

审计私有云是以云的基本架构为基础，以云计算技术为保障，以审计业务需求为核心而构建的审计云平台。基于审计私有云，实现各类审计资源的“云化”，包括各类硬件资源、信息资源、软件资源等。通过审计私有云，审计人员在进行审计业务处理时，只需通过客户端接入审计私有云并提出相应的服务请求，云就会向审计人员提供所需服务，而审计人员不必考虑相应服务所需的数据、软件、硬件等资源的情况。构建审计私有云，建设一个能容纳各类审计所需资料的系统平台，实现资源共享，建立并运用如审计对象模型、审计数据模型、审计分析模型、审计证据模型、审计工作底稿模型、审计报告模型、审计疑点模型等各类审计模型，从而实现审计的自动化和审计管理的智能化，节约审计时间，提高审计效率。

2. 审计私有云的业务流程

审计私有云包含的业务分为两种，分别是审计资源的储存以及分析等于审计业务的应答和请求。站在审计业务角度，能够将审计私有云划分为储存云和分析云两个，而这两个都需要考虑到云的基础层次划分，属于审计私有云的构成审计数据云属于私有云使用的基础审计。数据云包含着审计数据的储存与管理和审计系统的配置与管理两个角度的内容。

（1）审计数据的存储与管理

审计业务数据在被企业采集完成以后，就会在审计数据云中储存，而运用审计数据云里的数据分析工具，能够直接把业务时间以及地区和相关进展进行分析和整理，打造审计业务的数据目录，给工作者提供数据服务。

（2）审计系统的配置与管理

云平台的管理人员首先需要把审计业务的系统进行初始化，并且确保整体系统的文件配置与镜像文件，这些都能够直接通过基础系统注册放在服务目录里，构建一个系统目录，给审计工作者提供相应的业务服务。

（二）审计存储云

1. 审计信息化建设需要构建审计存储云

随着被审计单位的信息化程度大幅度提升，审计信息基本依托于电子数据，审计技术、审计方法、审计模型体系已由传统模式转变为信息化模式。审计数据量也在以几何级数增长，海量审计数据的规划、采集、存储、积累尤为重要。因此，提出了依托审计云平台来解决审计署、省、市、县的数据存储问题。地市和区县可将各自的审计数据存储或托管到省一级审计云平台里，统一由省一级云平台运营商进行管理和支配，由省级云平台提供集中存储的服务，即基础设施即服务。特派办可将审计数据分类存储在本地和国家审计数据中心。由此构建由国家数据中心、特派办和省级数据分中心组成的审计存储云。审计存储云是单一的基础设施服（IAAS），地市、区县审计机关无须投资或者以低成本的投资获取更多的服务。

2. 审计存储云模式的优势

（1）审计存储云强化了审计数据资源整合与共享的概念

在传统数据储存背景下，信息数据较为分散，并且数量很少，信息的数据规划模式较为落后，导致容易产生审计数据的信息孤岛，加之数据资源之间无法共享，直接影响了审计工作开展效率，也限制了审计工作未来的体系与技术发展。在审计储存云背景下就能够打造信息化的设施服务，对于审计数据进行统一的储存管理，确保这些信息资源能够动态地分配和运用，避免了由于企业自身资源数量不足导致的资源耗费以及资源闲置等诸多问题。确保审计数据资源达到整合和共享，在提高资源运用效率的过程之中，还能有效节约运营的维护成本。

（2）审计存储云为全国性综合大型审计项目提供数据支持

近年来，审计署安排的全国性综合大型审计项目逐渐增多，地方政府性债务审计、社会保障资金审计等各级审计机关、全体审计人员共同参与的大型综合性审计项目已成为审计工作发展的趋势，全国范围内多行业审计数据需要进行同时采集并进行关联分析，审计存储云为大型综合性项目提供良好的数据基础平台支撑。

（三）审计分析云

1. 审计分析云的流程

在审计存储云模式下，传统的单机数据分析模式已不能满足审计工作的需要，因此，需要建立审计分析云。审计分析云可向审计业务人员提供基于审计数据中心的分析服务，如全国社会保障资金审计分析服务、常规专业审计项目分析服务、临时性审计分析服务等。构建审计数据分析云，集中分析、分散核查，审计人员无须知道各业务系统如何配置、调用，只要提出请求，审计分析云最终将数据分析模型及结果以服务的形式提供给审计人员。审计分析云业务流程如下：①审计人员根据实际业务需要，向审计分析云提出审计分析环境申请。②审计分析云通过数据目录和系统目录向审计数据云提出数据申请和系统申请。③审计数据云接收申请后，将数据云中已有的业务数据和基础系统分发到审计分析云的一体机中。④审计分析一体机形成审计分析环境，并向审计人员提供审计分析功能。

2. 审计分析云的优势

（1）集中优势力量开展审计分析，提高审计效率

审计分析云的建设能够确保组织数据的优点集中在一起共同地将集中分析变得更加现实。通常情况下，审计工作者只要给审计分析云提出相应的数据分析需求，就可以运用自身的分析想法去提交结果，并且最终获得审计数据分析，防止重复审计以及独立审计工作模式的出现，让审计分析资源得到整合，有效提高审计工作效率。

（2）审计方法规范化、体系化，审计模块通用化

审计分析云在运用数据分析项目的同时，也能够不断地运用以及完善审计模式，让审计模式更加规范化，打造云端构建的审计模块，使功能更加成熟并且具有显著的行业运用度，这对于审计技术以及方式的持续发展具有重要影响。

（3）适应大型综合审计项目的需要

当前大型综合审计项目越来越多，因此审计项目的时间较为紧张，而工作内容较多，需要不同的审计机关以及单位之间形成良好的配合，审计分析云能够对于各种大量数据内容进行处理，并且开展跨行业与平台的数据分析。

四、云审计与传统审计的区别

（一）应用的环境不同

云审计是针对云计算应用的风险管理而提出的，其面对的软硬件基础设施及系统平台，无论数量规模，还是架构复杂度，都是安全审计产品的应用环境所不能比拟的。

（二）解决的问题不同

云审计是对云计算进行使用背景下解决计算运用风险问题的一种途径，包含了云业务的效率以及效果和可靠度等多个需求，风险安全审计只关注信息安全，对业务开展的效率以及数据准确程度等各项问题并不关注。

（三）运作模式不同

云审计的服务模式能够确保用户管理云计算运用中的风险降低，并且用户按照自身需求使用云审计，按照服务的类型以及运用情况自主付费。安全审计主要呈现为独立商品以及商品的一些功能，用户需要给整个商品付费，并且和安全审计相关作用的实际运用状况没有关联。

（四）技术架构差异显著

安全审计产品，在单一的服务器运用以及操作系统背景下只能面对用户开展固定的服务，而云审计运用了各种各样不同型号以及设施的基础设备运转，面对用户提供不

同的服务，让每一个用户获取的服务内容都不同。除此之外，由于不同用户的需求差异问题，因此云审计也需要打造一个恰当的审计记录信息和用户之间的关联，确保风险信息能够直接传输给恰当的用户。

五、云审计的优势

（一）大大提高审计工作底稿质量的可比性

在云审计工作开展时，数据与程序都储存在数据平台中，审计程序设计以及维护，不需要某一个机构去负责，而是直接让云软件的开发商负责，在很大程度上能够提升软件兼容度。与此同时，审计部门以及事务所只需要把自身当作用户来使用软件，不同级别的审计部门以及事务所，不需要考虑到基础设施建设，就能获取良好的软件审计体验，让工作效率得到提升。并且因为审计软件在过程之中整体的效率得到了提高，因此也让行业的相关管理工作者，对于审计部门的验证以及过程和审计底稿具有了相应的技术运用途径。

（二）客观性大大提高

客观性除了项目人员的专业判断以及与被审计单位是否保持独立有关外，还同审计程序的选用有关。由于基于云计算模式开发出来的审计软件，要比各级别独立开发的审计软件考虑更多的因素、功能更加全面，从而保证了审计业务的客观性，避免了审计人员为了适应审计软件而对审计业务修改造成不良影响。

（三）可比性大大提高

不同地区的审计单位只是把自身看作用户来运用，所以各种各样的审计单位都能够同时地去通过审计软件的操控获得体验。这样在很大程度上能够提高审计工作的效率与质量，更为关键的就是在同一软件开展过程之中的，可比性也得到了提高。

（四）节约时间，简洁便利

现阶段的传统审计工作开展时，审计工作人员会把大部分的工作时间都放在审查被审计单位的会计资料上，也就是对相关的证据进行收集而忽视了问题的发现与处置。在云审计背景下接下审计业务以后，审计单位可以直接把数据传输在云平台上，工作人员可以运用云平台去计算以及汇总，按照不同的审计更加有目标地去筛选出相关信息内容。节约时间的同时，也能够发现被审计单位实际存在的问题，有效地提高了审计工作的效率，也确保了审计工作的质量。

（五）实现审计资料充分共享

审计工作人员收集到的资料以及生成的诸多数据，不会单独地储存在自己的手中，而是统一地通过分类放在同一个资源平台中，审计工作人员通过平台应用能够及时搜索以及查看不同审计工作者所收集到的数据资料，对审计信息进行了分享，防止出现重复劳动的问题，也能提高工作效率。

（六）实现审计信息实时交流

审计人员能够及时了解审计任务进展情况，并根据实际情况进行审计重点和人员调整；及时了解管理者的工作思路和要求，并将任务执行过程中遇到的问题及时向管理者反馈；及时了解相互的工作情况，既能方便地实现线索、方法的共享，也能有效防止重复劳动。

六、云审计框架体系

审计是一个严格的系统过程，为了使各种审计资源（人、信息、硬件及程序等）都能通过云计算来协同运作，我们在构造云审计之前，首先应有一个行业性的准则和技术规范来明确云审计的相关规则，如云过程、数据安全准则、风险控制与云责任。就目前社会经济环境下，云审计的基本框架与传统审计一样，也包括制定云审计目标、建设云审计平台；制定云审计的相关准则和技术标准；确定风险领域、制订审计计划、设计审计程序、执行审计计划以及出具审计结果和管理建议，此外还包括定义具体的云过程，定义具体的与云过程对应的云责任、云安全等。

（一）云审计的目标

一是认真落实审计署下达的审计信息化建设任务。以审计署信息化建设规划为指引，积极推广运用金审工程成果，认真贯彻落实审计署各项信息化建设任务，全面提升审计能力，实现审计方式转变，积极适应云计算技术环境下的审计工作要求。信息化基础设施建设将逐步达到可提供五十 TB 级以上的存储和相应的处理能力；进一步加大审计管理系统（OA）和现场审计实施系统（AO）应用力度，实现审计管理全过程和质量控制全流程的数字化。

二是以提高审计效能为重点，加强审计信息资源的利用。消除内部“数据孤岛”，保障移动办公条件下的信息安全；实现跨部门、跨行业、跨地区的审计数据关联分析、预警分析和预测分析，进一步增强在云计算环境下查错纠弊、揭示犯罪的能力，为提高审计能力提供更为强大的信息技术手段。

三是依托金审工程成果，以推广运用为重点，积极探索云计算平台下的协同审计模式。

四是积极开展信息系统审计，不断探索创新信息系统审计方法。结合审计项目，探索开展信息系统审计，关注被审计单位信息系统安全性、系统功能有效性、系统建设经济性等，关注信息系统缺陷导致的信息系统安全及经济安全风险等。探索研究电子政务等方面的审计监督，及时发现和反映相关问题及隐患，促进电子政务建设顺利推进。

五是以优化审计队伍，提高审计人员素质和审计能力为目的，大力开展培训。培养计算机审计人才，为优化审计队伍提供卓越的信息技术人才。培养一批掌握信息技术技能的管理型、专家型、复合型、技术保障性人才，以适应信息技术环境下审计工作的需要。

六是紧密结合实际工作，研究探索云计算环境下审计面临的新问题，提高审计理论水平。加强信息化审计理论研究，结合审计实践需要，总结经验，反映提炼审计成果，探索研究云计算环境下审计工作开展面临的新问题和解决方法。

（二）云审计平台

在云审计背景下运用互联网就能让第三方的云平台和审计单位的数据之间形成统一的数据标准，而数据与信息才是审计工作的核心，审计工作突破传统形式获得全新发展的根本要求，就是降低成本以及提升效率。如果缺乏数据标准化，那么企业的数据信息内容在来到云端之后就需要及时进行转换，而转换的时候则需要耗费大量的成本，导致云计算丧失了降低成本的优势，在云审计背景下的审计工作者并不是单一地来到审计单位直接审计，而是来自不同的事务所以及地区的多个审计人员，随时开展审计工作，因此就需要审计工作者和平台之间形成数据共享，如果缺乏相应统一的数据标准，那么云审计就丧失了自身的价值。

（三）云审计准则

一是确保云计算背景下的审计工作管理模式，达到统一。我国的注册会计师行业，在长久发展过程之中，审计理念及实践中都具有了较大的进步。但是，因为注册会计师在发展过程中的获取方式，以及后续参与的教育工作和实践工作的影响，导致一些注册会计师自身的观念还会受到计划经济的影响，注册会计师自身的工作能力高低不一。然而审计署属于我国的直属单位也是国务院的构成，在国务院领导下，管理我国的审计工作不论是政策还是资金以及人员其自身都具有显著优势。因此我们需要探究，让审计署按照我国实际情况去制定云审计的相关要求，并且在审计工作执行过程之中，使相关的规章制度变得更加完善。

二是确定云计算背景下审计工作者的技能要求，这里既包含了审计工作者的工作资格以及能力审查和后续接受的培训等，都需要在准则中明确说明。一个能够胜任工作的审计人员，不但要掌握传统的审计能力，并且还要掌握计算机软硬件知识，能够制定匹配的审计程序，比如使用云计算和计算机开展审计工作。而审计工作人员的后续培训问题，则可以通过下列方式进行，如开展普及性培训和专业培训以及专家培训相融合，并且要对注册会计师考试进行改革，增设与云计算相关的知识技能测试，把信息技术能力看成注册会计师评价职业能力的内容，并且还要在高校的审计专业开设和云审计相关的课程，或者可以直接单独开设云审计专业，培养更多信息系统审计相关的专业人才。

三是与审计相关的技术标准，如软件层次需要在准则中明确地说明，云审计平台在处置过程之中要留下底稿痕迹。因为审计工作者在操作过程中希望计算机形成的结果与其手上的底稿相差越小越好，能够和底稿共存，这样能够为后续的分析打下基础，而且也能促进审计内部以及外部检查工作的顺利进行。首先是云审计操作方式，突破传统的审计单位一对一的审计模式，会受到时间以及空间的限制，以运用协调统一的审计方法提高审计工作效率。其次是软件要包含兼容性，虽然说云审计软件自身就具有系统，然而仍旧要考虑在办公自动化过程之中的兼容问题，运用办公软件里简单并且方便排版性显著的特征，强化软件的应用范围。最后是软件处置上的通用性问题，一定要考虑软件设计过程之中审计工作底稿的共性，不能面面俱到，防止出现负面影响。参照计算机系统环境数据库系统的相关准则，对我国的云审计准则体系进行完善解决，在审计工作开展过程中的实际问题，真正地为审计工作准则的实施提供帮助。

（四）云审计技术标准

首先，推动云审计制度，建设长远的内部审计工作规划，需要考虑到现在内部的审计观念以及工作实践经验，制定标准系统化来匹配实践要求的内部审计工作制度，确保站在更高的层次上完成企业管理标准，为后续的内部审计环境转变，以及内部审计工作开展提供良好的制度依据。其次，需要制定统一的制度、数字化业务流程，以及相应的规范标准，找寻管理制度和信息系统的融合点，并且分解不同要素设置标准性字段录入，在系统中对现有制度展开分析，统一设置表单制度，将实施对象以及问题解决和评价，多项标准内容全部都融入在表单里，并且进行分类和编号，实现审计工作的信息化。最后，运用信息化建设促进规章制度的优化与完善，并且规范制度的运转，运用工作梳理，能帮助我们迅速发现制度建设，始终与审计实践要求不符的问题，而制度建设的完善度，也是确保标准化建设得以实施的根本前提，因此标准化建设的实践工作能够让制度建设更加完善。审计建设信息化的标准化要求说的是制度以及流程和文书与模板，以及标准化完成的建设，还包含了审计作业以及项目管理和成果验收等，审计资源的整合能够提高审计效率，防止出现审计风险使工作质量得到提高，并且更好地发挥出审计工作的监督服务功能，提高企业价值职能发挥良好的建设性作用。

（五）云审计过程

传统审计工作开展时，会计师事务所通常情况下会接受委托，为上市公司开展审计工作。一般情况下需要先成立审计项目小组，然后让项目的负责人和成员来到被审计的单位或者分支机构，通过人工与自动化方式融合的方法，对被审计企业的数据信息内容展开分析与判断，然后由负责人形成书面底稿以及报告初稿，经过多次复核以后，形成最终的审计报告。在这一背景下审计事务所需要运用的人力与物力较多，并且要求审计工作者在最短时间内迅速收集与整理各种数据内容，而这个过程就会导致审计工作者的工作压力过大，耗费大量的精力，因此在后续的分析和判断上经常出现精力不足的问题，直接影响审计报告的实际质量。同时收集与整理信息的时间会比发现问题处置的时间耗费得更多。在云平台审计背景下，审计主体出现了转变，由会计师事务所的项目负责人变为跨项目组，甚至事务所的审计人士，在接受任务以后就可以来到第三方的云平台通过接口对审计单位的数据内容进行整理，并且传输到云端中。然后应用物联网去搜索企业的电子标签以及实物资产和各种票据，让信息通过无线传感技术直接来到云审计平台，对于自身收集到的文字以及实物和数据内容展开协同作业与合理分配，最后让项目负责人把信息内容进行汇总，最后编写报告即可。

一个审计过程系由指定的会计师事务所承担全部审计程序并出具报告的过程。虽然对于审计过程大家都有一个约定俗成的认识，而审计准则似乎也没有就审计过程给出一个专门的准则或者定义，但如果从法律的角度来看，注册会计师在审计过程的各个阶段都会有相应的法律责任。特别是当我们在云审计中有意地将审计过程这个概念加以延伸的情况下，我们需要行业主管部门能给审计过程一个比较权威的定义，以便界定云审计过程中可能出现的法律问题。简单地说，云过程是指由出具报告的会计师事务所承担数据信息封装（即报告）。在这个过程中，允许不同的会计师事务所按照准则和法律责任的界定参与数据信息封装子过程（即某一特定的资产负债项目或分部报告）。因此，云过程是传统意义上的审计过程概念的延伸，而传统意义上的审计过程是云过程的一个子集。

客户委托一个有名的会计师事务所进行审计，这是目前通常的做法。在云审计下，一个云过程将允许客户委托一组会计师事务所对其年报进行审计（因此还要具体研究在多对一审计时如何同客户签订审计委托书，以及相应的法律责任如何界定），从而根据约定的法律责任和实际承担的审计项目（数据信息子过程）来确定对客户的集体责任。因此，云过程可以直观地理解为多对一的审计（相对应的是目前的一对一审计）过程。由于云过程基于云审计的平台，无论被审计单位规模多大，都可以在云审计平台下集合为数众多的审计人员和技术支持来应对。在云审计平台上，中小规模会计师事务所既能对当前四大垄断会计师事务所构成实质性的挑战，又能为被审计单位提供更多高质量的审计报告，同时还可为报告的使用者提供更高的审计信用（多个会计师事务所参与审计使赔偿能力大大提高，投资人的实际损失将会大大降低）。由于有了云计算技术支持，多对一的审计过程将很可能取代目前一对一的审计过程，因为比起一对一的过程，云审计将更独立、更可靠，因而也更被客户所信赖。

这一过程包括以下五个方面：

1. 数据获取

数据获取是指物联网应用云平台掌握数据的过程，包含了数据整合以及转换和加载等多个过程，因为云环境背景下的数据平台具有很多租户，因此需要让数据的归属更加明确。这个过程中也要确保数据安全，有效运用制度，针对于数据的内容展开分类处理，并且分配权限，与此同时面对于不同的数据也要分级让数据制定加密策略。

2. 数据存储

物联网和云计算环境下的数据必须保证所有的数据包括所有副本和备份，存储在合同、服务级别协议和法规允许的地理位置。建立数据访问控制；进行数据加密，建立内容发现制度，确保数据安全审计工作有效进行；要求对数据进行数据等级区分，分开存放；如果存在数据共享，应该对访问权限进行严格精细化控制，并实时监控和提供审计措施。

3. 数据分析

数据分析工作中，一定要防止数据受到各种影响导致泄漏，避免侵害数据拥有者以及相关者利益。大数据审计工作要审核企业能否依照与日志文件以及相关的代理工具，针对于数据分析展开控制与管理企业，能否按照数据安全的运用逻辑以及企业能否按照数据管理模式对对象展开控制，企业有没有多次进行数据备份，避免数据丢失以及意外损毁，确保数据能够正常使用。

4. 数据可视化

数据可视化是指计算机图形学、图像处理技术和Office办公软件，将数据或数据分析结果转换成图形、图像、表格、文件等形式，并可进行交互处理。数据可视化是为了洞察分析数据表述的问题，找出问题的答案，发现关系性规则，进而发现在其他情况下不易发觉的事情，弥补现有科学分析方法的不足。大数据可视化审计是审查数据可视化是否表达事情的原来面目，是否扭曲了事物实际情况；审查数据可视化是否泄露了信息，是否有利于事情的表达等。

5. 数据共享

企业数据主要通过云平台进行数据的共享。因此，数据审计要审查企业是否设定安全的数据共享应用逻辑；是否制定数据分析解决方案的对象级控制制度；是否有基于数据内容的数据保护；涵盖如电子邮件、网络传输、数据库、文件和文件系统是否有加密解决方案。

（六）云审计的内容

云计算背景下的审计工作需要构建完善且高效的审计信息化制度，以及系统平台针对于财务信息系统和财务工作的开展进行管理，评价针对于公司内部资金以及资产进行跟踪，转变传统的以人工为核心的审计模式，提升审计部门信息化背景下开展审计监督以及评价的能力。随着构成审计过程的转变，由单一的事后审计转变为事中审计以及事前审计相融合，逐步地由静态审计转变为静态与动态审计相融合，由现场审计转变为现场与远程审计和非现场审计相融合。

1. 对会计信息系统的设计、开发过程进行监督和审查

为确保内部控制检查以及账务处理时效存在的矛盾问题，就需要在系统之中确保业务处理更加流畅。既要让软件在使用过程之中能够自我清洁与检查，还要提供审计接口，让审计部门及时对数据内容展开检验。信息系统开发时期审计工作者不但要进行开发，还要提出自身见解，并且对开发工作的进度以及审核工作进行评价，这样能够促进

对信息系统内部控制的不同方面掌握得更加透彻。

2. 对会计信息系统的运行实施审计

信息化背景下的原始凭证不断减少，而数据之间也没有了明确的关系，业务处理的时候需要集成在一起审计工作的核心，就是处理过程之中是否能够满足相关需求以及法律法规考核错误的控制与检查状况。为了确保审计目标得以完成，需要运用符合性测试以及实践性测试等多种测试模式，对于审计程序运转过程之中形成的数据准确度进行验证，对于被审系统里的审计控制点定期与不定期收集各种审计数据进行验证之外，还要融合于被审系统特征，运用独特的方式与技巧，如模拟数据测试法以及人工测试法等多种方式。

第二节 云审计平台架构

一、云计算平台的功能和优势

（一）云计算平台的功能

1. 预定和调度

在提交服务申请的时候，用户需要了解到资源的实际运用状况，这是由于在提交申请过程中，用户需要填写服务开始以及结束的时间，这样才能让数据中心的管理工作者认知到资源的运用情况，而在服务完成以后，系统也会直接收回资源，让其他的资源服务进行运用。然而，如果用户变更了服务结束时间，就需要及时地更改资源收回时间，这也是管理平台的核心功能之一。

2. 变更管理

在某些项目中可能会面临开发延期或者新需求等有关的一些未知因素。这些未知因素有时会使遵守合同规定的结束日期变得困难，当结束日期在项目延期之前几个月便得到确认时，这种情况尤其明显。因此，系统允许用户请求延长其原定的合同结束日期。

经过授权的项目成员可以登录到平台门户网站，请求延长合同结束日期。数据中心管理员从资源能力和业务合理性两方面对该请求进行评估。管理员可以登录到 Web 界面来查看该请求，并进行审批操作。新的日期一经批准，将会执行相应的任务，也会对合同进行更新以反映新的结束日期。

3. 资源重新部署

云计算平台能够提供服务申请资源变更，针对于全新技术以及没有运用的高风险技术项目而言，经常变更服务器及操作系统和软件等资源，云计算平台的合同变更较为便利。用户在已有系统之中增添或者删除组件就可以直接自动进行部署，也可以对已有的合同进行增添和去除，或者在满足要求的硬件系统上直接增加或者减少分配不同虚拟机的数量资源，在提交申请以后系统的变更操作都会自动运行不用人工设置，而系统也可以在很快速的环境下完成变更申请，让用户正常使用。

（二）云计算平台的优势

1. 总成本优势

通过云计算的服务，减少或取消了传统的软件授权费用，使用户从根本上降低了对于信息化建设的总成本投入，却享受到比传统软件更优质的服务。

2. 人力设备成本优势

把应用软件直接放置在统一服务器中，用户不需要购买软硬件以及建设机房就可以自主进行维护，也可以直接运用互联网的信息系统，而用户在投入资金对于机房和硬件设施建设以后，则需要雇佣 IT 以及相关工作者对于系统进行维护和升级。

3. 使用优势

突破传统固定的客户端办公运用互联网使用人员在任何时间地点都可以运用网络的相关数据资料帮助用户解决问题，尤其是一些机构较为多层并且异地办公的问题都得到了解决，而这只能针对于少部分的用户机构开展。对于组织机构层级比较多的时候，上下级很难运用同一个系统展开部署，办公地点较为固定，针对异地办公人员也不能满足实际需要。

二、云审计平台的架构

（一）平台建设目标

利用审计业务以及信息技术的分析，能够得知打造一个业务流程全方位，并且数据高度共享的审计平台需要达到以下要求：在审计作业平台里需要加强对于全新信息技术的运用，把综合复杂的业务融合在一起，有效节约人力成本，提升审计工作效率；运用数字仓库等各项技术，对于数据资源库展开统一管理，提升不同数据之间的共享运用，再使用数据融合不同业务之间的关系，提高审计业务工作中开展的科学度；通过使用数据挖掘技术，也能更为迅速地提供审计数据，并且强化利用效果，为审计工作者的决策提供相应的帮助。具体包含以下几个方面。

1. 数据采集

应用平台数据掌握接口就能对于网络上的信息内容进行远程收集，让审计单位的会计数据与其他数据目标进行对比，这样能够在很大程度上节约收集数据资料内容所耗费的时间，也能提升审计效率，使失误以及出错的概率大大降低。

2. 审计业务

利用审计方案以及审计程序和内控测试的管理工作，再加上审计抽样等各种工具的运用，就能让审计业务系统对于被审计单位的会计系统进行复核处置，然后再使用作业系统开展相关工作，就能实现审计准备以及审计后续实施和数据获取以及整理阶段的审计工作程序化以及规范化的管理。

3. 审计数据库

审计业务数据依照与业务循环，可以把相应的数据内容直接传播，在审计结果信息库里，而审计结果信息系统能够直接在外勤工作完毕以后，在审计处理结束的不同环节下开展管理，通过这个系统的使用就能让审计的结果模块化以及规范化管理，避免由于人为工作从而产生错误。

（二）云审计平台架构的特点

1. 灵活性

监控方案可以按照与不同单位的实际业务需求自主进行调整，也可以对不同指标的预测数据以及金额进行自定义。它还能够对企业内部控制开展全方位的评价与监督，审计部门针对于监控企业的费用以及预算都可以在过程中监督，从而及时发现不同环节存在的问题，将企业的经营风险降到最低。

2. 实时性

运用实时采集程序，就能让经济业务的有关数据内容直接在数据库中找到。通过系统设置的监控方式以及变化响应途径，一旦出现异常或者问题的时候，就能及时让相关职能部门的工作人员得知，从而有效地避免出现违法违规现象。

3. 自动性

而对于预警方案所处置的业务记录可以直接自动发送邮件以及短信给相关的工作人员，便于后续按照疑点的实际状况开展项目审计工作，还能够出示历史纪录并且保留信息处理的情况。

4. 安全性

平台使用数字签名以及客户端数字证书等多种方式来确保数据安全问题，与此同时在角色访问控制上也会直接针对于用户展开分级与权限处置管理，避免非法用户访问。

（三）平台架构思路

1. 省、市、县三级审计机关方案设计

这种方案更为关注上下级审计部门的配合，希望能够打造一个全面完善的审计信息化网络，确保政府审计信息化目标得以完成。而省、市、县审计部门都有自身完善的信息系统和数据库应用业务，系统就能给被审计单位提供数据采集与审计，并且通过决策系统使用，还能接受群众监督。开展政务公开工作，其中既包含了三级审计部门的局域网建设，以及直接运用客户端的方式使用审计网络和平台，行政衔接上级审计，部门对下级审计部门可以开展直接的业务指令下达，而下级审计部门也能直接给上级部门进行工作汇报。

2. 审计机关一体化方案设计

面对独立的审计部门，也需要建设其自身内部完善的信息系统，这些系统的打造，也能够让上面的三级部门的每一级信息系统的内部设计更加完善。

三、云审计平台的各层建设

（一）IAAS 层建设

1. 应用服务节点：采用刀片设计

数据库集群节点：采用大内存节点设计，通过数据库本身的功能实现 RAC 或者集群数据库平台。

2. 云存储

私有云储存系统是融合与集成私有云储存软件的系统，并且能够储存一些虚拟化和高性能的信息内容，拥有先进的储存虚拟化作用以及良好的延展性，能够为中大型企业打造私有云应用系统打下基础。

（二）PAAS 层建设

1. 模块化的系统结构

在模块化的系统环境下，可以面对用户的不同需求，灵活地对不同功能模块进行组织，使其发挥不同的作用。选择定制用户，为不同的用户提供更为丰富的模块化的系统整体架构，也便于对系统展开升级。在系统融合全新功能的时候，只需要直接把全新功能增设在系统里，而不需要直接对已有功能进行转变，在系统转变一些功能的时候，也需要对相应的功能模块进行升级。

2. 资源抽象与管理

对系统已注册的各种软硬件资源实现不同层次和粒度的资源抽象，将云计算中心的所有资源（包括服务器、网络、存储等）进行统一的管理，为实现资源的负载管理和动态调度、快速部署及按需分配、资源隔离与安全可靠等打下坚实的基础；同时，为管理员快速、精确的掌控系统运行情况提供基础信息。

资源抽象可以使系统软件环境与其底层硬件基础架构分离，以便将多个服务器、存储基础架构和网络聚合成共享资源池。然后，根据需要安全可靠地向应用程序动态提供这些资源。借助这种具有开创意义的方法，客户可以使用价格低廉的行业标准服务器以构造块的形式构建自我优化的数据中心，并实现高水平的利用率、可用性、自动化和灵活性。

实现对系统中各种资源有效的监控，包括服务器、存储、网络等。监控信息由模块化的采集插件从各资源中收集并保存，再经过监控模块的处理，形成各种有用的系统监控信息，并以实时图示、报表、告警等多种方式呈现给相关的用户，以供系统运维人员及决策者参考；同时，作为多种系统策略的参数，包括资源部署策略、资源分发策略、资源调度策略、系统能耗管理策略、用户资产管理策略等。

3. 资源部署与按需分发

实现对系统资源的统一管理，并以服务的方式为用户提供一个完整的运行平台。将接收用户发送的请求，或根据系统设置的资源部署生成策略，并根据系统当前运行状态，包括资源部署、资源分发、资源使用、用户状态等条件，在资源部署策略的作用下，基于点对点快速分发技术，实现新的系统资源的快速批量部署。在部署生成新的资源之后，系统会根据用户请求，按照系统资源分发策略设置的条件，选择系统中合适的资源，按需分发给用户，供用户使用

4. 资源调度

通过开展资源统一管理，就能对不同资源展开高效运用，针对不同用户的实际，不同任务也要全局地运用细粒度的调度方式，对于业务系统的负载均衡以及资源补充、充分使用。为了确保任务调度以及负载管理工作的开展，针对于物理硬件层和资源超声层以及多项业务服务层的运行标准，可以开展实时的监督与控制，从而确保资源的配置更加合理，设置不同的服务级别。针对于一些核心指标展开统计预测，保证资源能够匹配应用负荷，对于多种运用之间的负载均衡也要发挥出运用资源的效能。

5. 功耗管理

多种系统功耗管理以及节能的途径能够匹配系统，在不同运行阶段的能耗管理需要，而实际管理策略需要考虑到系统设计的规模以及系统运转状态和用户活动状态等多种因素，开展自动化的功耗管理。与此同时，管理工作者也需要通过人工设置的方式去对系统参数进行设置，确保管理工作者对于系统开展有针对性的优化工作。

6. 用户管理

想要打造完善的用户管理流程，确保匹配云计算中心，针对大规模用户的管理需求，对用户开展分类，并且让用户具有不同的系统角色，使用用户角色和系统权限之间的联系，让不同的用户能够掌握不同的系统权限。这样就能逐步确保满足用户需求的时候，让用户之间不会相互形成影响，也不会针对于系统开展越级访问，确保系统安全以及用户安全。

（三）SAAS 层建设

传统联网审计部署一般都是不同的审计部门去自主采购应用服务器和数据库服务器，并且通过联网审计系统的安装，让审计工作者使用办公局域网来访问系统开展审计工作。这种环境下会产生一些问题。例如审计部门的 IT 成本较高，以及地方审计部门的人力资源有限，因此导致维护工作者不足，还有一些审计部门由于资金不足不能支付成本较高的建设与维护费用。出现这些问题的根本原因就是传统的联网审计系统属于分级单独部署不同的审计机关，都需要独立部署硬件与软件资源。

四、系统架构的特点和优势

（一）特点

由于审计是一个系统平台，把各种各样的数字化审计信息归入在平台上并且统一地管理与调度，这样不但能够使管理审计所需要的各种信息资料总结在一起，还能够对于已经收集的数据内容展开实时的更新与融合，让智能控制针对于审计模型进行自主地选择和运用，确保审计工作的质量，让审计工作的实际效率和效果得到提升。在云计算背景下的审计信息化建设基础设施以及软件系统开发，都需要让审计署自主实施地方审计部门，只要连入审计署的网络就能够获得授权，并且使用轻量级客户端就能够对于不同的审计软件以及审计资源进行运用。这种方法不但有效，而且能够缓解审计业务开展过程之中，技术标准不统一等多项问题。也能在很大程度上降低审计工作信息化建设的成本，防止重复投资的问题出现。

因为审计平台是一个能够确保不同审计信息内容数字化以及促进信息之间的沟通交流，让信息资源得到合理运用的综合性平台。这个平台可以逐步地由数据转换，以及数据分析和审计决策等多方面的子平台共同构成。数据储存交换平台属于系统构成的基础是以数据采集各类审计资源为核心的，而数据分析平台则是在交换平台的基础之上使用这个平台把现场审计的数据和联网审计的数据等各项数据内容共同筛选分类，并且按照业务使用的实际状况构建一个统一性的标准审计模型。模型包含了审计对象模型和审计数据模型等。这样就能确保审计工作自动化，也能确保审计管理工作的智能化，有效地节约了审计时间，提高了审计工作效率。审计决策管理平台更为关注组织管理问题，决策人员运用这个平台就能够对下级审计部门的人员进行调度，并且也能开展相应的业务指导，业务实施平台就是针对于我国的审计业务系统统一运用的平台。让全国不同地区的审计工作者都能使用这个平台去制定审计署统一开发的各种审计业务软件，让审计整体过程开展更加可控。打造专业化、系统化的云计算安全审计平台，能够防止现阶段审计人员笔记本电脑出现泄露数据的风险，而云审计安全系统也能够强化云计算的审计监控能力，提供更加专业化、安全的数据储存。用户运用云计算技术就能够直接把数据内容储存在云平台里，相较于自身管理数据而言，这样在很大程度上能够避免各种安全问题导致的数据泄露以及丢失的问题。

（二）优势

①在审计实施时间上，达到远程实时审计，大幅度提高审计业务工作效率。②在审计工作质量上，实现事前预警和事中审计、审计作业的实时监控，大大提高审计数据查询的准确性和事前数据预判，降低审计风险，减少违法损失，提高效益。③在审计作业空间上，达到网络远程审计，实现经济、高效、低耗、安全的工作效果，降低审计工作成本。④在审计信息系统分析与管理上，达到完整性、及时性和统一性，实现审计资源的优化配置。

一般建议云审计平台的行业依托由审计署或省一级审计机关建设，条件成熟的地市审计机关也可以建设，由哪一级审计机关来建的前置条件取决于行业数据集中在哪里。建成后，审计人员不需要关心联网审计平台部署在哪里，也不需要知道云审计平台由谁来维护，更不需要为云审计平台建设而花费投资。统一由上一级审计机关部署、投资、维护，下级审计机关的用户体验都是相对独立的行业云审计系统，可以在平台上做各自的审计分析模型。

五、云审计系统的实现方式

云审计工作开展的前提就是要打造良好的云审计系统，确保有相应的数据采集及传输模式和匹配的技术方法与手段，能与被审计单位和被审计云中心展开联网在线，针对审计单位的财务以及经济状况系统内容进行数据采集和数据传播，并且运用云审计平台开展数据的分析与储存。在云审计背景下的云审计系统运用云数据中心，就可以按照审计署的统一规划与布置设计行业模型，统一对数据进行采集以及转换和模型制作，而下级的审计部门不需要自主对数据进行采集，只需要直接在云平台的数据中心里调阅出自身需要的审计数据，再使用云平台审计开展相应的数据分析与储存即可。

（一）数据的采集

1. 被审计单位数据存储不使用云平台

这种情况主要采用联网报送审计数据方式。在这种审计数据采集方式下，云审计系统审计数据中心通过网络与被审计单位建立连接，被审计单位定期、定时向云审计数据中心传递被审所需电子数据。从形式上讲，此种审计数据采集方式类似于传统意义上的报送审计，只不过在报送资料的形式和方法上产生了变化。此种方式适合电子数据量相对较小的被审计单位。

2. 被审计单位数据存储使用云平台

在这种情况下，由于被审计单位在云平台上运行自己的应用系统，存储自己的电子数据，可以采用两种方式进行数据采集。

一种是在被审计单位云平台上建立数据接口，云审计数据中心通过该接口可直接访问被审计单位云平台数据库。在此模式下，由于云审计平台直接访问的是被审计单位云平台数据库的数据，可以实现对数据的时时传输，时时审计。

另一种是在被审计单位云平台数据中心嵌入审计软件或软件审计模块，根据审计单位的审计请求，借助被审计单位使用的云平台，运行嵌入审计软件或审计模块，完成对被审计单位的审计数据分析，发现审计线索，获得审计证据，并把审计证据返回给云审计平台，从而完成云审计工作。

（二）数据的分析

审计数据分析的含义，就是运用分析财务数据以及财务数据和非财务数据之间的联系，获得相应的审计证据。而在审计背景下运用云审计软件服务功能开展软件实施，打造审计中间表，再使用审计分析模型和多维数据模型等开展审计数据分析，按照审计数据分析的实际需求差异，审计云平台能够提供所有在审计数据中心基础之上的分析服务，例如定制分析服务以及常规专业项目服务和临时分析服务等快速完善的审计分析服务。比如打造在审计网络之中的一个又一个审计分析服务云，然后给不同城市的审计部门发送过去，就能帮助他们了解审计线索，及时地收集好审计证据。

（三）数据的存储

审计工作者在审计工作开展过程中，收集的电子数据内容越多，那么数据也就储存难度越高。不但要求审计信息系统能够储存更多的数据，并且还要合理管理数据，更为关键的是要确保数据后续的安全运用。数据储存是云审计之中的一个重要环节，随着审计业务的不断发展以及数据越来越多地积累，不同省市的数据内容都会越来越多，因此我们需要运用云平台来解决省、市、县的数据储存问题，统一让省级的云平台运营商进行管理。在云平台审计工作开展时，需要首先打造一个云数据中心，来对大量的数据进行储存。由于数据量比较大，此访问和分析都需要较高的数据分析能力，因此我们可以运用数据仓库技术展开储存。而对于拥有一定数据量，数据级别上不如集中储存的数据，我们可以使用数据库储存技术，使用云储存，以后数据运用以及传输都会变得更加便利，使用人员通过同步云端文件就可以直接获得数据内容。手机以及电脑等都可以成为接收器。云文件在修改完毕之后会直接储存在服务器里，需要的时候打开使用就可以。因此整体工作都会变得更加便利。

第三节　云计算下的协同审计模式

一、云协同审计概念的提出

（一）理论基础

1. 系统论

系统论是反映事物客观规律和科学研究思想方法的理论，它认为世界是系统与系统的集合。因此，不仅要认识系统的特点和规律，反映系统的层次、结构及演化，更主要的是要调整系统结构、协调各要素的关系以优化系统。研究世界的任何部分，除了研究相应的系统与环境的关系，还须注意掌握对象的整体性、关联性、等级结构性、动态平衡性及时序性等特征。协同理论的创始人哈肯描述了各种系统和现象中从无序到有序转变的共同规律，以及不同事物的共同特征及其协同机制，即远离平衡态的开放系统在与外界有物质或能量交换的情况下，可以通过自己的内部协同作用，自发地出现时间、空间和功能上的有序结构。

任何组织都是一个相互关系、相互作用的各个要素组成的有机系统。作为组织中的一个单元或子系统，还与其他子系统相互影响、共同作用，以产生宏观上的结构和功能，达到 1+1 > 2 的协同效果，即系统协同。其主要表现形式：两个以上同方向的因素同时发挥作用对整个系统的影响要大于一个因素，而不同方向的几个因素同时起作用，最终表现为几种力量相互抵消或由占上风的因素主宰。它在企业中的作用表现如下：

首先，企业作为一个开放的系统，公司治理、内部控制、内部审计与其他子系统之间相互作用，并为了实现同一个企业目标而相互支持、帮助，由此产生了内部的协同效应。

其次，内部控制审计和财务报表审计相互影响。为节约审计成本和审计资源，两者的工作成果可以相互利用，故整合审计有助于提高审计效率，充分发挥审计的协同效应，最终提高财务报告质量。

最后，财务报告质量是企业内外部系统共同作用的结果和反映，其中内部系统是内因和决定因素。在这个内部系统中，由治理层设计、管理层实施的内控系统的有效性决定了其质量高低。内部审计作为重要一环，负责对战略和战术层面的其他四要素—控制环境、风险评估、控制活动、信息与沟通的设计和实施效果的监督评价。同时，有效的内部审计也对外部治理系统中不可或缺的监督机制—财务报表审计起到重要的支持作用，而且对财务报表审计和内部控制审计结合的整合审计也起到了基础性的监督评价和佐证作用。因而，它不仅是整合审计而且是财务报告信息质量保障机制中的重要一环。

2. 协同理论

在 20 世纪 70 年代初期，德国的物理学家提出了协同理论。该理论探究的是开放系统在突破了平衡界以及外界物质干扰形成交换的时候，运用内部协作系统，在时间以及空间等各项功能身上形成了有序的结构规律协同理论。它也是在理论基础物理学背景上所形成的一个自组织理论，更为关注的就是探究不同系统，由无序逐渐转变为有序时的相似度，从而希望能够了解自组织系统的相关原理。协同学的创始人则说明了协同属于系统，不同部分之间相互协作，让整体系统构建一个微观的个体，层次不具备的全新结构与特征。社会是由多个较为复杂的开放系统共同构成，而不同属性的系统之间也会存在冲突以及合作的矛盾。协同理论说明了，运用对于社会系统里不同子系统的时间以及空间的重构，就能打造出全新的时间以及空间结构，而其发挥出来的效果相较于不同子系统的效应而言更强，协同机制也是由于实现系统整体价值的有效途径。

（二）审计的协同效应

协同理论研究的是非平衡开放系统中的自组织及形成有序结构的理论，其研究对象必须具备复杂系统、开放系统，系统内部存在协同作用，协同的目的是实现价值增值。从协同理论的角度看，审计作为一个系统具备协同理论的基本研究要件。

一是《中华人民共和国审计法》（简称《审计法》）规定，审计署在国务院总理领导下主管全国审计工作。因此，审计署规划建设的国家审计信息化必须确保全国审计系统“一盘棋”，实现全国审计系统的信息共享和业务协同目标。

二是云审计平台运用 Internet 高效、可信及统一的虚拟计算环境，使计算机审计系统从封闭、静态、可控的运行模式逐步发展为开放、动态、具有柔性及适应性的计算机审计运行环境，在开放、动态和多变的网络环境下实现企业信息系统与计算机审计系统的共享和集成。

三是审计是对企业运营管理制度、管理活动及结果评价和报告的系统过程，其目的在于检查并揭露企业运营管理中的缺陷和重大风险，帮助企业改善运营管理。通过审查评价企业管理协同机制设计执行、协同效应等，改善企业协同管理提出意见和建议，最终促进企业实现价值增值。

二、协同审计模式的提出

协同审计是指在网络互联的环境下，通过协同管理软件，相互通信，共享各种各样的信息资源使在不同地点的多位审计人员可以在一起工作，共同完成审计任务的一种工作模式。协同审计是在协同理论的基础上提出来的。因为审计的特点是多人合作完成一个项目，具有协同效应，所以审计工作可以协同，以此提高审计的经济性、效率性和效果性。

目前，对于协同审计的研究还尚不多见，也不成系统。现有的文献主要集中在以下两个方面：

第一，计算机协同审计系统的研究。他们基于 IT 环境，设计计算机协同审计系统。计算机协同审计系统是召集分布在不同地点的审计人员通过网络同时完成同一个审计任务的网络化协同系统。计算机协同审计系统的体系结构是研究和实现计算机协同审计系统的基础。计算机协同审计系统的工作行为不同于普通的网络浏览方式，客户端成员之间需要进行大量的实时交互性操作。计算机协同审计系统是建立在现有网络之上的，以 JXTA 为构建的平台和协议，以节点离散和实现多位审计人员的并行工作为主要特点，体现每位审计人员既能自由独立地工作，又能组队协同工作的特点。计算机协同审计系统设计为一种面向数据流的审计任务。首先，审计人员各自根据所分配任务的要求采集被审计对象的相关数据；其次，对这些数据进行分析和汇总，将其转换为审计软件所需要的数据形式，并进行数据预处理；最后，审计人员运用相关审计软件和协同技术将各自的电子数据在审计小组中共享，相互讨论，对数据做进一步的分析研究，从而发现审计线索，得出审计结论。

第二，项目审计协同的研究。一般说来，投资项目生命周期长、涉及面广，与社会经济和生态环境实时地进行信息和资源交换，是一项复杂的系统工程，具有很强的特殊性，这些为投资项目审计提出了严峻要求。作为一种崭新的审计模式，基于其与协同治理理论的理论契合，协同治理审计针对投资项目的特殊性进行研究，具有一定的理论创新性。同时，以项目利益为核心，以项目整体目标为导向综合考虑各利益相关方的利益均衡，并促进其协同高效完成任务，实时同步监控项目运行并实时公布审计信息，将基于审计数据的评价指标作为定量的评价指标，在很大程度上解决了审计实务中的操作问题，具有一定的时效性。

一是协同治理审计旨在实现投资项目的整体目标。审计代表社会公众对政府投资项目实施审计监督，使协同治理审计目标与项目整体目标具有一致性，这为审计顺利开展并建立机制提供了前提保证。

二是协同治理审计关注的是各利益相关方利益均衡。投资项目涉及众多利益相关方，审计可以公正地站在客观角度履行监督职能。且审计作为高层次的监督方先天地具备从宏观层面把握整体的优势，并可以超脱地提出协调各方的意见和建议。

三是协同治理审计关注的是各利益相关方协同高效完成相关任务。审计监督的是各参与单位履行职责和承担义务的情况，通过建立审计结构、审计机制，采取实时有效的审计措施，可以有效地促进项目核心组织层和政府监控层各职能部门的协同工作，从而产生协同效应，高效地完成项目目标。

四是协同治理审计评价模型中的评价指标具有可操作性。协同治理审计评价指标具有来自审计角度宏观层面的信息优势和操作层面的数据来源。

五是协同治理审计具有时效性。协同治理审计旨在建立一种实时的协同监督机制，在这一机制下可以及时发现并解决投资项目运作实施过程中的各种问题和冲突。投资项目协同治理审计模式强调协同治理审计目标的实现，通过实施审计行为，进一步实现审计功能，建立协同治理审计机制，促使利益相关方进行充分的信息交流和沟通，在合理的协同治理结构框架范围内能够充分利用各自的资源和信息优势，以项目利益为核心协同工作，完成各自任务，最大限度地发挥协同效应。最终目标是在各利益相关方相对满意的基础上，实现投资项目的整体目标。

三、构建省、市、县三级云协同审计模式

传统审计模式是属于一对一的现场审计模式与并不成熟的联网计算机审计模式。对于现场审计模式特征就是一个审计机关只能对应一个单位开展审计工作，主要就是确保后续的检查以及纠正。如果没有完成预防阶段以及过程监督阶段的效果，那么就会导致这种工作效率低下，并且一对一审计模式会导致出现审计信息孤岛的问题，让不同部门的审计成本提升。联网计算机审计模式在审计方式上出现了转变，然而实际上并没有针对于传统的审计模式展开全方位的改革，还包含一些没有必要的复杂环节，无法匹配云计算技术，推动整体审计工作发展的需要。因此，我们需要探究怎样在云计算背景下运用云审计平台以及云储存技术，消除一些不必要的工作环节，达到审计信息资源共享，提升审计工作效率，降低审计工作成本。让它与审计平台下的省、市、县三级共同协同审计工作的开展。在研究这一问题的时候，我们就需要思索，为什么

不直接构建由审计署和省、市、县四级共同开展的协同审计方式？这是由于现阶段这种方式还不现实。我国实行的地方审计制度，更为匹配我国的政治经济发展以及运转需求，也更能彰显出我国政治经济的发展情况，能够促进政府部门领导与支持，确保国家审计工作的权威度，让国家审计工作得到发展与壮大，并且也能成为社会主义经济监督的主要形式，实际表现有以下几个方面。

第一，现阶段所运行的审计模式能够促进审计工作，将地方政府作为工作核心服务改革开放与经济社会发展。这也是审计发展的根本要求。审计部门是在政府之中的，而审计工作和地方政府的各项经济工作之间具有密切关系，也是政府经济工作的重要构成，这样就能确保审计职能和政府部门的职能相融合，让审计工作真正地为经济发展提供服务，并且促进改革开放工作的开展。切实强化对于重点行业以及部门和资金的监管，将审计执法和地方经济的发展监督融合在一起，促进政府工作目标的实现，站在宏观以及终端的角度调控策略。第二，已有的审计体制能够促进政府部门引导开展，实施审计监督我国现阶段法律法规大部分都是由政府的行政部门直接执行的。审计部门属于行政执法之中的重要部门，在地方政府的引导下以及其余部门共同的经济监督和协调配合之下，能够更为直接且高效地开展审计监督工作。及时发现各种违法违规的行为，并且处理与纠正审计意见。也能够及时地转变为政府的行政命令执行，这样能够确保审计工作更加具有权威性与约束力，也是确保审计部门自身的职能得以发挥的根本因素。第三，现阶段实行的审计体制能够促进地方的审计部门职责履行更加完善。按照双重领导的审计模式，运用审计业务的上级部门，是以部门领导为主，能够促进审计工作保持统一，确保审计系统化开展的工作保持协同性特征。能够统筹管理，促进社会主义法治的统一性，并且让审计按照我国的统一法制法规要求开展。审计部门主要是以地方的行政管理以政府为核心，增设了地方审计部门，使其工作开展更加灵活。并且，需要我们主动依照于地方经济建设以及政府经济发展的需求，恰当地选择合适的审计工作关键点，及时调整工作形式，在地方经济建设之中发挥自身的作用，打造审计署统一规划与布局。它不是由审计署直接参与省级单位建设的三级协同审计模式，是在发展过程之中的一种必然选择。

信息化协同发展是我国审计职能特点的需求，而云计算背景下的审计协同，根本问题就是运用云审计平台的资源内容，打造国家治理目标服务的工作现状。并且在审计署的统一安排下，由省、市、县不同部门共同参与，将协作作为根本要求，协调审计监督构成协同机构，打造一个综合运用国家以及市场方式的审计监督网络。它又包含了组织角度、管理角度和资源角度等多个方面。

（一）组织协同

政府审计组织协同属于政府审计监督，服务资源合理运用的基础保障，更为关注政府部门的审计监督协调作用。政府审计部门属于审计工作开展的主体，也是政府审计协同治理的核心力量。不同层级的政府部门以及审计部门内部都要关注组织功能的整体度，将人力资源以及不同的职能科室和政府审计部门之间形成联系，凸显整体性特征，构建一个网络化的协同组织。政府审计组织协同管理工作者，运用政府的审计部门确定任务，并且合理分配，对于部门进行划分资源规划，就能确保审计部门之间的职能以及各项工作的开展，都能够达到统一协调的状态。政府审计组织协同，包含了战略协同以及组织协同和人员协同等，对于政府的审计工作系统而言，在整体组织结构上更为关注系统构成要素的不同规模以及层次和各方面的配合，从战略角度，为了确保组织战略层面的协同审计部门的审计，决策人员要确保省内保持同一个审计战略并且执行有效的方式，制定相应的核心能力及有效机制。所以省、市、县三级的审计部门，在整体策略规划上要实现组织协同，由审计机关统一安排协调制订恰当的审计目标以及计划，并且对审计监督机制进行打造，形成良好的审计决策执行方案，促进战略的正确恰当执行。而组织协同决策人员，也要把握自身的权利，发挥自身价值，按照外部环境的实际转变，针对于相关的战略目标展开调整，站在决策层以及管理层的角度形成共识，确保审计战略和组织系统之间形成协同效应，达成良性互动。

从组织角度需要我们确保战略的任务分配以及工作计划和资源调度，能够有效开展，并且还要把握高效的运营方式，打造有效的考核激励机制，因此不同的审计部门都需要在充分认知省、市、县战略要求的基础之上，构建有效的战略组织框架，在整体结构上要考虑到组织系统之间的不同要素，在规模以及层次上的配合情况，并且按照为国家治理需求提供服务的政府，战略发展背景下满足于时代的变化与环境出现的转变，对于政府部门的审计组织进行调整，让不同层级的职能得到优化与配置，并且运用政府审计部门的协同作用，发挥良好的审计监督机制，满足我国治理战略以及其余民主体系构成的合力。

从人员角度来说，为了确保审计工作者能够严格按照组织战略的要求进行工作，不同的审计部门也要抽调一部分审计工作人员成立项目组以及专家组，有效地通过职能分工开展协同工作。让工作人员明确自身的工作职责以及工作目标，打造一个科学化的协同工作环境，营造良好的氛围让组内成员相互合作，消除在不同时间以及地点上组内成员产生的障碍，这样有效地节约工作的时间与精力，还能提升整体的工作质量。人员协同工作的核心就是合作和协调参与工作的不同成员，既要完成属于自身的任务要求，又不能与整体组织的工作要求产生冲突。一方面在一定环境下要参与合作，与组内其他成员进行资源共享开展管理；另一方面也要针对于群组内部不同成员的工作完成状况进行监督与管理，确保整体合作过程顺利开展。

（二）管理协同

1. 政务管理协同

政务管理协同是指在信息化整体背景下，省、市、县三级不同的审计部门之间，运用信息技术方式开展跨部门的业务合作，最终转变传统的行政管理模式，促进审计资源合理运用，打造全新的政府审计工作模式。政务协同也是破解现阶段的电子政务整体建设过程之中的信息孤岛以及不同部门无法合作问题的关键，防止电子政务投资黑洞的必然需求。现阶段我国不同层级的审计部门都在打造审计管理信息系统，然而审计管理系统还没有对于审计资源开展更为完善的共享审计，数据资源也在不同部门之间较为分散。这不但导致了各种重复建设问题的产生，也增加了审计工作开展的成本，使审计系统之间的联系出现了裂痕，导致审计的信息无法共享，进而就会引发更为严重的问题。而运用政务管理协同，就可以使用云审计平台的协同功能，让省、市、县三级审计部门之间达成一体化的审计管理模式，共同对于机关文化建设以及制度建设和业务政策各项动态进行共享，强化信息沟通与交流，有效缓解政府部门的审计交易费用，让内部审计资源在整体审计治理管理过程之中发挥出更大的作用，从而有效地促进政府审计系统全方位的效果提升。

2. 资源管理协同

资源管理协同是指政府审计资源与审计系统内部以及外部相关的硬件资源和软件资源与人力资源、数据资源等协同的一种模式。站在根本的角度进行分析，政府审计的核心动力源泉就是我国智力资源的稀缺度，然而政府审计部门在履行相关职责的时候，也会存在资源约束，在有效运转整体国家治理环境中，只有确保政府部门的审计工作，能够给国家的治理服务提供较大的作用，相较在职能审计工作之中耗费的资源成本更高时，政府审计工作才会拥有自身的价值。资源管理协同的含义是说政府审计部门将协同理论作为核心运用于审计公众平台，综合使用不同的管理模式与方法，让省、市、县三级的审计部门之间相互形成资源配置整合与运用，确保资源的运用更有一致性，呈现安全有序的状态。

3. 项目管理协同

项目管理协同指在具有多个项目目标的背景下，运用系统调配内外部资源以及信息共享，共同协调项目开展，从而促进项目审计管理工作的良好状态。项目协同审计模式更为关注协同审计目标的实现，通过实施相关的审计行为就能进一步强化审计作用，打造一个协同的治理审计框架，让利益不同方共同进行信息沟通与交流。在合作协同治理框架背景下，能够充分地运用自身所掌握的信息资源优势，将项目利益作为核心开展协同的工作办法，从而逐步完善自身的工作目标，在最大程度上彰显出协同效应。而核心的目标则是让不同利益方都能够满意，并以此为基础让项目的整体目标得以实现。项目协同审计模式是在协同理论以及治理理论的基础之上，站在治理角度进行的重构与优化，使审计机制得到完善，并且在项目规划以及流程和实施过程之中，都能够实现协同目标，共同运用审计技术，从而更为高效地促进项目审计任务的完成。

4. 信息管理协同

信息管理协同的含义是说在政府的审计治理工作之中，运用信息的交流传递所形成的审计信息有效共享的状态。我国的审计管理工作要确保具有开放性特征和外界的物质以及信息技术产生交流，确保系统持续发展，通过信息沟通能够有效促进决策信息的传播，使各项主体都能够明确地认知接受协同管理主题。这也是我国审计工作顺利开展的根本。我国的审计协同更为关注制度化，而通过跨界合作也能够提升审计价值，运用信息化以及网络化方法，能够提高我国审计工作效率，为国家审计工作未来的发展提供帮助。现阶段我国的审计服务信息化，整体建设程度较差，并且还存在信息沟通不畅的问题，因此我们需要打造多元化的信息沟通渠道，构建信息沟通机制，有效地从事信息沟通，建设信息共享平台，让我国的审计信息达到共享。不但能够确保审计信息在系统内部实现共享，并且也能让不同的监督服务工作主体在信息资源上，如财政监督信息和税务信息上，实现共享统筹不同资金的监督与运用，这样才能使监督工作发挥出自身的实际价值。

（三）资源协同

云计算资源内容较多，而服务器的储存数量也比较大，因此会在不同的地区运用各种各样的不同应用。对于这些硬件设备的管理也会对于整体系统的运用产生影响，云计算管理平台是整体云计算之中的核心内容，不但负责不同资源的管理与调度，并且云计算系统的平台管理技术。也能让各种各样的服务器资源以及储存工作协同开展，便于业务工作开展，并及时地帮助我们了解到系统故障，并且通过自动化的方式大规模地运营。而云计算资源池里有资源共享以及按需分配和动态拓展等多种特征，基础设施建设上的核心种类包含了主体资源池以及储存资源池和网络资源池等。运用资源池建设就能让 IT 促进系统资源共享，并且按需分配，降低整体运营成本，提升管理效率。同一个资源池按照上层的运用系统对于不同安全等级的需求，也可以把基础设施的资源划分为不同的种类，并且在网络安全等各方面开展隔离构成资源分区，而不同的资源分区之间的资源也能够自主调度，同一个资源中的安全等级保持一致，不同的资源分区网络需要运用防火墙联系在一起。资源池管理平台属于资源，是系统管理的中心内容，负责对于不同云计算 IT 资源进行回收部署以及监控和分析，对于系统内部的各种物理设备展开维护与运营。资源池管理平台需要负责和外部开展交互，不仅需要在资源池内部系统之间进行控制与交互，还需要负责用户的监督管理与虚拟机访问，要为资源池的管理工作者提供操作页面。

（四）业务协同

云计算背景下的审计业务协同是指运用云审计平台和云计算技术打造的协同工作环境，把不同地区的审计工作者融合在一起共同完成一项审计工作。这样既可以减少项目中成员在时间以及地点上相隔较远所带来的问题，节约审计的成本和工作人员的精力，也能提升群体工作效率。按照协同审计工作特征，云审计平台需要运用同步协同方式，针对于不同审计终端用户的操作，也要关注响应时间设置，确保全体操作有序性。协同审计模式的程序主要是由数据采集到协同数据预处理和数据协同分析再到后续的得出审计结论构成，而这个工作流程之中的云审计平台系统管理部门需要按照统一的任务开展数据采集，不同审计机关的工作人员，通过登录云审计平台就可以协同完成。审计项目组建设按照系统预处理的筛选以及汇总和分析之后获取相应的任务以及数据，然后不同项目组成员运用自身的信息资源以及数据分析技术能力，对于数据内容展开分析，与此同时即时通信以及数据共享等各种协同方式与相关成员的经济交流，也能够为审计评价提供帮助，最终使数据汇总在资源库里，由专家组共同讨论得出最终的审计结果。

四、构建云计算下审计协同模式的路径

（一）协同审计技术

1. 虚拟化技术

通过虚拟化技术可实现软件与硬件的隔离，一方面，可以解决数据中心资源的整合问题，在整合过程中对计算、存储等各种资源进行标准化；另一方面，通过虚拟化将资源切割为更小的可以更好调度的资源单位，以达到调度过程中充分利用硬件资源的目的。虚拟化技术根据对象可分成计算虚拟化、存储虚拟化、网络虚拟化等。计算虚拟化又分为系统级虚拟化、应用级虚拟化和桌面虚拟化。

2. 分布式计算机技术

分布式计算机技术是指由多个计算机共同连接起来完成特定任务的计算机群。在这样工作环境下就能打造计算分布性任务采取的分布式框架也被划分为多个模块，在不同的计算机上运行，而不同计算机之间相互衔接，协同工作。

3. 分布式存储技术

分布式储存也被叫作云储存，把网络中各种各样不同类型的存储设备运用应用软件融合在一起协同开展工作，共同针对于外部的数据储存业务、访问功能的系统分布式储存的，根本就是使用软件以及存储设备相融合。通过应用软件来确保存储设备朝着储存服务的方向转化，分布式储存的根本目的就是使用云环境之中的多个服务器储存资源去匹配单个服务器无法满足的储存需要，而核心特征就是把储存资源抽象地统一管理，并且确保数据读写以及操作具有安全性。

4. 云计算平台管理技术

云计算的资源内容较多，而服务器以及储存网络数量也很多，并且分布在不同的地区同时运转着各种程序，因此我们需要搜索怎样管理硬件设备，确保整体系统不间断地服务，而这也是一个着重需要探究的问题。云计算管理平台是整个云计算部署过程之中的核心，负责整体资源是调度与管理，而计算机平台管理基础既能够让各种各样的服

务器资源和储存的网络信息内容协同工作，也能便于工作部署与业务进行中迅速发现故障，并且促进故障解决，让智能化以及自动化方式极大程度地运用在系统中。

（二）协同审计模式的实现路径

1. 完善国家审计协同法规制度建设

国家治理中的法律制度规范提供了治理子系统活动的界限范围，规定了治理主体以及群体的活动空间、自由度，是国家审计协同的基础内容。国家治理系统包括决策系统、执行系统和监督控制系统，良好的国家治理必然要求以法规制度规定它们之间的相互关系，因此，构建国家审计协同的基础内容是完善国家审计协同法规制度。从当前看，首先要建立横向协调的国家审计与其他监督子系统衔接制度。要以《审计法》为指导，梳理修订现有法规中不利于协同的制度内容，在经济责任审计联席会议制度等经验的基础上，完善与监察、司法以及其他经济监督部门的协调工作制度，明确国家审计监督中各个参与主体的权利义务、协同行动机制等。同时，还要在国家审计准则中补充完善利用外部专家工作、项目外包、审计公告等有关制度内容，规范外部社会力量参与国家审计的行为责任。

2. 搭建国家审计监督的云审计公共服务平台

国家审计协同整合机制，要求在明确国家审计监督活动中审计机关为主导的基础上，建立多元主体共同参与的工作协调制度和机制，充分发挥审计监督服务系统中各主体的功能优势。要利用信息技术、云计算等现代技术，建立云审计公共服务平台，进行充分的信息与资源协同整合，构建国家审计机关、财政监督、监察等受托责任检查部门、社会公众之间的有效协同机制。建立国家审计协同工作制度、信息传递交流制度、预警制度、决策制度、自我评价监控制度、考核制度，并通过国家审计协同系统自我评价控制闭环的建立，促进国家审计协同的自我完善与发展。

3. 充分发挥上级审计机关的领导协调作用

国家审计角度上的协同需要国家审计，增强宏观意识，不断促进与推动国家治理体系的完善，从管理角度协同关注政府以及市场和社会组织与公民为主体的相互合作，多主体治理需要我们打造一个将社会组织包含在内的多元化权利核心，并且对于审计结构进行优化。按照协同理论观点，推动我国审计工作发展的过程之中，也要区分不同因素的影响。将关键因素和次要因素区分开来，关键因素能够直接影响到我国整体审计工作的发展速度，并且也影响着未来的审计，协同效果起到决定性作用。只有把握好关键因素，才能确保我国的审计工作未来发展方向具有保障。而审计机关的权力与权威性，也说明了审计部门在我国的审计监督服务管理之中占据着重要的主体位置。

我国的国家审计协同也需要国家审计相关部门的定位，不单单是提供监督服务，而是要站在朝我国整体治理目标实现的角度，完成公共权力配置，以及公共资源合理运用等各项建议的工作。要发挥出市场以及社会和公民自身等多个主体的力量，共同协作开展审计工作服务。实现国家审计工作多元化，共同治理，并且要把上级的审计部门当作主导，引导不同的审计主体共同参与其中，安排审计，共同监督积极营造一个利益共同体以及责任共担体的协同管理机制。

第四章 非现场审计模式的风险与保障

第一节 审计风险概述

一、审计风险的来源

在开展审计业务时，注册会计师需要充分认知重要性与审计风险二者之间的内在联系。如果注册会计师发表了不恰当的审计意见，那么有可能存在审计风险。通常情况下，将审计风险的态度以及所造成损失的大小等要素有机地融入进来，充分对可接受的审计风险进行确定。如果审计失败，那么对会计师事务所造成的损失，一般情况下，也会受到审计财务报表具体用途以及相关应用范围等要素的影响。由于审计业务具有高保证程度特征，因此相对而言，可接受的审计风险要保证能够低到一定程度，以至于注册会计师能够科学保障审计财务报表的准确度。通常情况下，重大错报风险以及检查风险可以对审计风险造成一定影响。

（一）重大错报风险

审计人员在开展审计工作时，可能会遇到一些重大错报风险，这一风险主要与被审计单位的具体审计方向具有一定的联系。如果涉及程序以及在对财务报表整体进行确定时存在一些重大错报，那么注册会计师应该积极对这些错报风险，及时地披露与认定。依据我国注册会计师审计相关准则，注册会计师要高效科学评估财务报表，并对重大错报风险进行科学认定。同时，也要积极提出一系列相应要求。

1. 两个层次的重大错报风险

财务报表层次重大错报风险与财务报表整体存在广泛联系，可能影响多项认定。此类风险通常与控制环境有关，但也可能与其他因素有关，如经济萧条。此类风险难以界定于某类交易、账户余额和披露的具体认定；相反，此类风险增大了任何数目的不同认定发生重大错报的可能性，与注册会计师考虑由舞弊引起的风险特别相关。

注册会计师评估财务报表层次重大错报风险的措施包括：考虑审计项目组承担主要责任的人员的学识、技术和能力，是否需要专家介入；考虑给予业务助理人员适当程度的监督指导；考虑是否存在导致注册会计师怀疑被审计单位持续经营假设合理性的事项或情况。

注册会计师同时考虑各类交易、账户余额和披露认定层次的重大错报风险，考虑的结果直接有助于注册会计师确定认定层次上实施的进一步审计程序的性质、时间安排和范围。注册会计师在各类交易、账户余额和披露认定层次获取审计证据，以便能够在审计工作完成时，以可接受的低水平对财务报表整体发表审计意见。《中国注册会计师审计准则第 1231 号—针对评估的重大错报风险采取的应对措施》对注册会计师对评估的认定层次重大错报风险如何设计和执行进一步的审计程序，提出了详细的要求。

2. 固有风险和控制风险

通常情况下，重大错报风险依据认定层次的不同，可以细分为固有风险以及控制风险。

内部控制工作开展时，由于容易发生一些错报问题，因此可以积极地将这类风险称为固有风险。

账户余额以及交易进行认定时存在较大固有风险，比如相对繁杂的计算、计量不确定性、对经营风险造成一定影响的外部要素都有可能对固有风险造成不同程度的影响。又如，随着科学技术的发展与进步，相对落后的产品容易导致高估错报现象的发生。由于被审计单位以及多种要素可能与交易、账户余额以及相关的披露作业有一定联系，从而导致固有风险的发生。通常情况下，这些要素包含相应的流动资金匮乏、被审计单位的实际发展前景等。

当发生一些重要错报问题时，如果没有及时展开内部控制，或者及时发现并纠正，很容易造成控制风险的产生。另外，该风险与财务报表的内部控制设计以及实际运行具有一定的联系。由于自身的固有局限性，导致不同程度的控制风险一直存在。

需要注意的是，固有风险与控制风险具有密切关系，在展开评估时，需要将二者合并起来，称为“重大错报风险”。注册会计师需要对二者既展开单独评估，也展开合并评估。通常可以依据会计师事务所的具体实际技术需求，科学展开相应的评估方法。

（二）检查风险

当发生某一错报问题后，也会相应产生检查风险。为了能够有效地将审计风险科学降低，并科学规避这样的错报风险，会计师就应该积极对审计程序展开科学性以及合理性设计，并保证能够高效展开执行。通常情况下，注册会计师并不需要对所有的交易、账户余额等展开科学检查，因此肯定会存在一些检查风险。假如注册会计师采用了不科学、不恰当的相应程序或执行过程，那么也容易导致对审计结论的错误解读。通过积极采用计划、职责分配、监督指导、复核等一系列要素，有机促进审计工作的科学解决。

（三）检查风险与重大错报风险的反向关系

通常情况下，重大错报风险的评估结果与检查风险水平具有一定反向关系。二者会随着一方的升高，另一方不断地下降。因此，可以积极采用反向关系数学模型对二者的实际关系展开科学表示：

审计风险 = 重大错报风险 × 检查风险

注册会计师可以积极依据这一审计风险模型，充分对相应的审计风险水平进行科学设定。通常情况下，可以设定为5%，而在展开一系列风险评估程序后，可以积极将重大错报风险评估设定为25%。科学利用这一审计风险模型，可以有机将可接受的检查风险设置为20%。审计实践工作中，要避免采用绝对化的数量表达关系进行风险评定，而要采用“高”“中”“低”这样的文字描述。

注册会计师在展开审计计划时，需要积极依据可接受检查风险，及时地对审计程序的性质、时间安排和范围展开科学化的设计与执行，从而有效控制检查风险。

二、重大错报风险的识别、评估与应对

（一）重大错报风险的识别与评估

注册会计师可以积极依据《中国注册会计师审计准则》有机对财务报表的层次及认定进行科学评估，同时明确重大错报风险的一些具体要求。

1. 识别风险，并考虑各类交易、账户余额、列报

注册会计师要积极关注被审计单位以及环境的整个运营过程，对其中的一些风险进行有效识别，同时与相应的交易、账户余额等有机联系起来，科学开展相应的风险评估程序。比如被审计单位进行新设备更换时，可能存在贬值风险或闲置风险；整体经济的不良，可能存在应收账款回收问题等；新产品上市时，容易导致曾经的核心产品发生短期过时现象，从而导致存货跌价以及相应的长期资产减值等。

2. 将识别的风险与认定层次可能发生错报的领域相联系

注册会计师在展开工作时，需要积极将相应的风险与可能发生错报的领域有机结合起来。比如，由于产品销售不太顺利导致价格下降，引发存货成本提升，可变现净值相对降低，从而导致存货的计价认定存在一些错报问题。

3. 考虑识别的风险是否重大

通常情况下，可以依据风险所引发后果的不同程度，有机鉴定是否为重大风险。例如，注册会计师在开展工作时，即要对产品的市场价格以及所占比重进行有机结合考虑，从而有机评定是否为重大风险。如果产品价格下降，销售收入低于补偿成本，毛利率基本为负，那么很有可能会发生严重的存货跌价现象，因此可以将其认定为重大风险。如果产品价格下降，但是所占比例小，毛利率仍然较高，尽管该价格下降产品的毛利率为负，那么也不至于引发重大跌价问题。

4. 考虑识别的风险导致财务报表发生重大错报的可能性

注册会计师在开展工作时，需要积极对相应的风险进行科学识别，并科学判断是否会引发财务报表重大错报问题。例如，注册会计师应该积极将存货的账面余额与提存货跌价准备有机结合起来，进行科学判断。也有例外情况，比如识别风险重大，但也没有引发相应的重大错报问题。例如，在进行实际的财务报表分析时，存货余额相对较低，

虽然面临重大识别风险，但也没有引发相应的重大错报风险发生。这个时候应该适当地将重大错报的可能性有机降低。

注册会计师应该积极获取相应的信息，有机开展风险评估程序，从而对评价控制展开科学设计。依据具体的审计证据展开工作执行，从而有机支持风险评估的具体结果。其次，注册会计师也要积极依据相关风险评价结果，进一步对审计程序的时间、性质、范用的实施展开科学确定。

注册会计师在开展审计工作时，首先需要积极对财务报表中所存在的重大错报现象进行科学分析，并依据被审计单位及其环境的特征，科学推进审计工作，科学明确评价的合理性。另外，也要积极对各类交易、账户余额、认定层次等展开重要性评估，有助于明确审计程序的性质、时间范围，从而有效规避审计风险，将其降低到可接受水平内。

（二）重大错报风险的应对

注册会计师应该积极依据《中国注册会计师审计准则》的有关规定，及时地、科学地应对重大错报风险。需要遵循以下规定。第一，能够面对重大错报风险，科学制定应对措施，并表明一定的职业怀疑态度，推荐更具有经验的注册会计师或专家，有机对审计项目组展开科学化督导等。第二，能够科学地对重大错报风险展开设计，并实施一系列审计流程，确保执行的有效性。并科学依据实施程序，充分发挥出测试控制的实质性程序作用。第三，依据风险评估评价，有机对结果展开科学评价，同时明确审计证据，充分发挥出审计证据的功效。第四，及时对整个实施执行流程展开科学审计工作记录。

因此，注册会计师应当针对评估的财务报表层次重大错报风险确定总体应对措施，并针对评估的认定层次重大错报风险设计和实施进一步审计程序，以将审计风险降至可接受的低水平。

1. 财务报表层次重大错报风险与总体应对措施

以下是注册会计师应该积极对重大错报风险所采取的总体化应对措施。

第一，项目组应该以职业怀疑态度，有效面对审计证据的整个收集与评价过程。第二，鼓励更具有经验的注册会计师有机参考各个行业的实际特殊性，科学展开专业细化分工。同时，也要积极邀请参与过被审计单位的审计工作中的一些人员有效充当审计项目组成员。并积极利用税务评估、信息技术等多方面工作内容。第三，对于一些重大错报风险较高的审计项目，积极展开督导工作。比如，要积极对项目经理、负责人等，提供相对更精准的技术指导与监督，确保项目质量复核效果。第四，优化审计流程，能够对整个审计程序进行积极的了解与认知，规避一些对审计套路比较熟悉的管理层采用一些规避手段对财务报告的真实内容进行掩盖，从而发生一些舞弊现象。因此，为了规避这样的现象的发生，应该提早设定好审计程序的性质、时间、范围，确保审计方案以及审计效果的正常发挥，有效规避重大错报风险。同时，能够真正依据审计方案，加强审计程序的进行。同时也需要明确被审计单位管理层没有事先预见的一些程序。第五，有机修改并完善审计程序的性质、时间、范围。由于财务报表层次很可能存在一些重大错报风险的薄弱环节，从而对财务报表造成不同程度的负面影响，导致较难进行某种交易、账户余额、列报等。因此，注册会计师需要采取科学化的应对措施，依据《中国注册会计师审计准则》，明确如果注册会计师能够更充分地了解控制环境，并科学展开重大错报风险评估，那么通过对控制环境的科学控制，有助于注册会计师对被审计单位的审计证据以及内部控制等产生一定的信赖感。

2. 针对认定层次重大错报风险的进一步审计程序

通过科学对重大错报风险展开有效的层次认定与评估，有助于注册会计师积极采取一系列手段有效开展审计程序，有机明确审计程序的性质、时间、范围，并积极对相关的重大错报风险认定评估工作产生一定的对应关系。在此过程中，注册会计师要积极明确自身的目的性和针对性，能够更高效地对各项审计资源进行有效配置，充分保证审计工作的效率和质量，并达到良好的审计效果。

需要注意的是，注册会计师在对重大错报风险层次展开积极应对评估时，所拟定的一系列审计程序其实都具有一定的针对性，但是能够充分明确审计程序的性质才是最关键的一个环节。例如，重大错报风险的评估风险相对较大，那么要进一步展开的审计程序范围也较大。可是，如果能够事先对审计程序的性质进行明确，并认定相应的特定风险时，积极对审计程序的范围展开有效扩大，是具有一定意义与价值的。

三、被审计单位环境和内部控制

（一）被审计单位环境

注册会计师需要积极对被审计单位的环境进行有效的了解与认知。第一，要能够明确被审计单位的行业状况以及其他一些法律环境、监管环境等。第二，明确被审计单位的性质。第三，科学地选择相应会计政策并理智运用。第四，明确被审计单位的目标、战略以及相关经营风险。第五，科学地对财务业绩展开有效衡量与评估。第六，积极开展内部控制。

通过以上内容，可以明确审计单位的外部环境与内部要素具有密切的联系。一方面，被审计单位的各个环境要素彼此之间也具有一定的影响作用。例如，被审计单位的法律监管、行业状况、环境都会对相应的被审计单位目标、战略、经营风险造成不同程度的影响，而且外部环境也会涉及相关的影响范围。另一方面，被审计单位自身的目标、战略性质、经营风险等都会对相应的会计政策的科学选择与运用产生一定的内在联系，同时也有利于展开更科学合理的内部控制策略。因此，注册会计师需要积极对各种环境的所有要素展开科学化的了解与评估，并明确认知到各个要素之间的内在联系以及互动关系。

通过积极对以上六个方面要素展开风险评估程序，有机明确风险评估程序的时间、范围、性质等，从而可以更科学、全面地认知到审计业务的真实情况。比如被审计单位的复杂程度、规模状况、注册会计师的实际审计以及服务经验等，都需要建立一定的了解基础。另外，注册会计师也要积极对被审计单位的环境各个要素与前期的一些状况进行最大变化性对比，从而更科学地明确被审计单位的具体环境特征，以及其中的一些评估作业、识别作业、重大错报风险作业的重要性与关键性。

（二）被审计单位内部控制

1. 内部控制的含义

内部控制其实是一系列相关的执行政策或程序。主要是为了确保财务报告具有一定的真实性。同时，依据一定的法律法规，及时开展高效的经营活动，确保经营效果和质量。

为了能够科学理解内部控制，可以从以下角度展开分析。

第一，充分明确内部控制目标，主要是为了确保财务报告的真实性，当然这与管理层所制定的一系列财务报告编制责任具有密切关系。首先，能够更高效地科学运用企业资源，充分保障企业经营的效果和质量，有机实现企业的战略发展目标。其次，依据法律法规的具体要求，保证从事经营活动符合法律规定。第二，明确内部控制的核心责任主体，充分发挥出管理层、治理层以及组织层的实际管理功效，有机明确内部控制责任。第三，依据一系列控制策略和流程，有机展开内部控制策略，充分实现内部控制发展目标。

2. 内部控制的要素

（1）控制环境

控制环境其实就是对企业的经营活动具有一些影响作用的要素的统称，通常情况下可以分为治理职能以及管理职能。同时也需要充分明确对内部控制的重要认知态度，并采取科学化的措施，有机利用控制环境，积极鉴定被审计单位的内控基调，强化员工对内部控制的了解与认知。通常情况下，一个优秀的控制环境可以确保内部控制的有效实施。同时，也可以对相应的道德价值观念以及诚信等进行有效培育，增进员工对能力的重视程度，鼓励治理层积极参与进来，充分与管理层的实际管理理念与风格进行有效迎合与匹配。同时，可以积极发挥组织的职权与责任分配机制，充分开展现代化的人力资源管理策略，有效开展一系列实务工作，充分保障控制环境的良好性。

（2）风险评估过程

在现实生活中，各种企业在开展经营活动时都会面对多种风险，而这些风险对企业的实际生存能力以及竞争状况会造成不同程度的影响。由于大部分风险通常并不能有效地展开经济控制，但是管理层应该积极对相应的风险水平进行有效的分析与评估，能够积极识别这些风险的种类，并采取有效科学的应对策略。

通过积极开展风险评估作业，有机实现对被审计单位的各项风险进行有效识别、评估与管理的功效。如果该风险评估过程与财务报告具有一定的内在联系，那么就需要积极对该风险发生的可能性以及重大性进行有效评估，并采用科学策略有效规避这些风险。比如，如果是对被审计单位的交易记录可能性进行风险评估，那么就需要积极对财务报告中的一些会计事项展开识别与分析，有机明确该风险与贸易特定会计事务以及交易的内在联系。

通常情况下，在对被审计单位开展风险评估作业时，需要充分对相应的经营风险进行有效的识别，同时科学制定有效措施，有效规避这些风险。注册会计师也要积极对这些风险评估过程进行科学化的认知与了解，并适当理解相应的评估结果。

（3）信息系统与沟通

与财务报告相关的信息系统，包括用以生成、记录、处理和报告交易、事项，对相关资产、负债和所有者权益履行经营管理责任的程序和记录。交易可能通过人工或自动化程序生成。记录包括识别和收集与交易、事项有关的信息。处理包括编辑、核对、计量、估价、汇总和调节活动，可能由人工或自动化程序来执行。报告是指用电子或书面形式编制财务报告和其他信息，供被审计单位用于衡量和考核财务及其他方面的业绩。

与财务报告相关的信息系统应当与业务流程相适应。业务流程是指被审计单位开发、采购、生产、销售、发送产品和提供服务、保证遵守法律法规、记录信息等一系列活动。与财务报告相关的信息系统所生成信息的质量，对管理层能否作出恰当的经营管理决策以及编制可靠的财务报告具有重大影响。与财务报告相关的信息系统通常包括下列职能：①识别与记录所有的有效交易；②及时、详细地描述交易，以便在财务报告中对交易作出恰当分类；③恰当计量交易，以便在财务报告中对交易的金额作出准确记录；④恰当确定交易生成的会计期间；⑤在财务报表中恰当列报交易。

与财务报告相关的沟通包括使员工了解各自在与财务报告有关的内部控制方面的角色和职责、员工之间的工作联系，以及向适当级别的管理层报告例外事项的方式。

公开的沟通渠道有助于确保例外情况得到报告和处理。沟通可以采用政策手册、会计和财务报告手册和备忘录等形式进行，也可以通过发送电子邮件、口头沟通和管理层的行动来进行。

（4）控制活动

控制活动是指有助于确保管理层的指令得以执行的政策和程序。包括与授权、业绩评价、信息处理、实物控制和职责分离等相关的活动。

①授权

授权的目的在于保证交易在管理层授权范围内进行，有一般授权和特别授权之分。一般授权是指管理层制定的要求组织内部遵守的普遍适用于某类交易或活动的政策。特别授权是指管理层针对特定类别的交易或活动逐一设置的授权，如重大资本支出和股票发行等。特别授权也可能用于超过一般授权限制的常规交易。例如：同意因某些特别原因，对某个不符合一般信用条件的客户赊销商品。

②业绩评价

业绩评价主要包括被审计单位分析评价实际业绩与预算（或预测、前期业绩）的差异，综合分析财务数据与经营数据的内在关系，将内部数据与外部信息来源相比较，评价职能部门、分支机构或项目活动的业绩（如银行客户信贷经理复核各分行、地区和各种贷款类型的审批和收回），以及对发现的异常差异或关系采取必要的调查与纠正措施。

③信息处理

信息处理控制可以是人工的、自动化的，或是基于自动流程的人工控制。信息处理控制分为两类，即信息技术的一般控制和应用控制。信息技术一般控制是指与多个应用系统有关的政策和程序，有助于保证信息系统持续恰当地运行（包括信息的完整性和数据的安全性），支持应用控制作用的有效发挥，通常包括数据中心和网络运行控制，系统软件的购置、修改及维护控制，接触或访问权限控制，应用系统的购置、开发及维护控制。例如：程序改变的控制、限制接触程序和数据的控制、与新版应用软件包实施有关的控制等都属于信息系统一般控制。

信息技术应用控制是指主要在业务流程层次运行的人工或自动化程序，与用于生成、记录、处理、报告交易或其他财务数据的程序相关，通常包括检查数据计算的准确性，审核账户和试算平衡表，设置对输入数据和数字序号的自动检查，以及对例外报告进行人工干预。

④实物控制

实物控制主要包括对资产和记录采取适当的安全保护措施，对访问计算机程序和数据文件设置授权，以及定期盘点并将盘点记录与会议记录核对。例如：库存现金、有价证券和存货的定期盘点控制。实物控制的效果影响资产的安全，从而对财务报表的可靠性及审计产生影响。

⑤职责分离

职责分离主要包括被审计单位如何将交易授权、交易记录以及资产保管等职责分配给不同员工，以防范同一员工在履行多项职责时可能发生的舞弊或错误。当信息技术运用于信息系统时，职责分离可以通过设置安全控制来实现。

（5）对控制的监督

对控制的监督是实现建立和维护控制并保证其持续有效运行这一目标的有效方法。对控制的监督是指被审计单位评价内部控制在一段时间内运行有效性的过程，该过程包括及时评价控制的设计和运行，以及根据情况的变化采取必要的纠正措施。例如：管理层对是否定期编制银行存款余额调节表进行复核，内部审计人员评价销售人员是否遵守公司关于销售合同条款的政策，法律部门定期监控公司的道德规范和商务行为准则是否得到遵循等。监督对控制的持续有效运行十分重要。例如：没有对银行存款余额调节表是否得到及时和准确的编制进行监督，该项控制可能无法得到持续的执行。

3. 了解和评价企业内部控制

注册会计师需要积极明确审计目标，同时在相应的财务报表审计中，能够积极对相关报表编制展开积极的内部控制。同时，也需要明确审计目的，并不是要求对被审计单位展开的内部控制进行意见发表。因此，为了能够科学对企业进行内部控制，就应该积极开展相应的了解和评价工作，切实为深入的审计工作奠定基础。

注册会计师在对企业的内部控制进行了解与评价时，需要积极确定该事项的重要程度，明确被审计单位的性质、规模、多样性与复杂性、相关法律法规、政策以及监督具体要求等，充分明确该企业内部控制各个组成系统的复杂性。一般情况下，可以采取以下做法。

（1）评价内部控制的设计

在开展内部控制工作时，注册会计师首先要明确评价控制的设计是否得到执行。通常情况下，该项设计主要是为了能够有效规避并纠正一些重大错报。而控制得到执行，也就是说，被审计单位正在使用中。如果遇到设计不当的控制，一般是在进行内部控制工作时，存在一些重大漏洞。这个时候注册会计师应该积极确定是否执行控制方案。同时，积极将控制的设计有机纳入考虑范围内。假如控制设计发生了一些问题，那么就不需要再考虑相应的执行状况。

（2）获取内部控制设计和执行的审计证据

一般情况下，通过风险评估程序，注册会计师可以及时获取相关的审计证据。比如具体的询问人员、观察控制运用、检查文件报告、追踪财务信息处理过程。注册会计师可以科学利用这些程序，有机了解被审计单位的具体内部控制运用。

（3）了解内部控制与测试控制运行有效性的关系

注册会计师需要积极采取一些自动化控制方式，有机展开对控制的深入了解，还需要采取有效的测试。

例如，某一时点的审计证据并不能证明该控制可以在所有时点都进行正确运行。可是通过科学运用信息技术，可以更科学地对大量数据展开科学处理，充分提升被审计单位的监督控制活动运行能力。同时借助于一系列软件、数据库、操作系统等有机进行安全控制设置，确保职责划分。基于信息技术处理的一贯性与科学性，通过科学开展审计程序，明确某项自动控制的具体执行情况，及时展开相应的有效性测试。

4. 了解和评价内部控制的内容

（1）对控制环境的了解和评价

注册会计师在展开审计业务承接时，要及时地对控制环境以及管理层的实际状况进行有效的了解与评价，并明确管理层是否营造了诚实守信以及相关道德文化氛围，以及是否真正对一些舞弊现象以及错误问题展开了有效的预防与控制。

（2）对风险评估过程的了解和评价

注册会计师在对被审计单位展开风险评估设计执行评价时，要能够科学识别相应的经营风险，明确重要程度，对可能性以及相应的措施进行风险管理。如果能够正确地认知相应的风险评估过程，那么注册会计师就可以更高效地识别一些重大错报风险。

对被审计单位开展整体的风险评估时，注册会计师也要积极参考以下要素：第一，是否建立整体目标并开展相应的业务流程策略与计划；第二，是否科学建立风险评估体系，能够有机识别、估计、评估风险的程度以及可能性，并采取有效措施；第三，是否科学建立应对机制，有效避免重大现象发生；第四，是否科学建立具体流程，能够对会计准则进行变化识别；第五，是否科学建立沟通渠道，有效进行交易流程交流；第六，是否科学建立具体流程，有机识别相应的各种经营环境、监管环境的变化等。

通过积极对被审计单位的环境以及其他信息进行了解，可以有效保证评价有效性。例如，基于一定的了解，注册会计师可以发现一些运营风险，并明确管理层是否意识到并采取相应的应对措施。基于对业务流程的了解，注册会计师还可以积极对被审计单位展开相应的风险评估过程，比如销售环节中存在一些错报风险，注册会计师也应该积极明确管理层是否知道，并采取相应的应对风险措施。

通过积极与管理层进行有效的交流与沟通，注册会计师可以及时识别出相应的经营风险，并明确是否可能引发重大错报。

注册会计师在开展审计工作时，如果发现一些风险要素，那么要及时与管理层进行沟通分析。假如管理层确实没有识别这样的风险，那么注册会计师要思考为何没有识别风险，并且积极对整个评估过程展开分析，能否真正适用于具体情境。例如，销售工作中，如果发现一些截止性错报风险，那么注册会计师也要思考管理层是否识别，以及管理层如何应对该风险。

（3）对与财务报告相关的信息系统的了解

注册会计师需要积极对财务报告相关信息系统进行有效的了解。第一，明确与财务报表具有重要关系的各项交易类型。第二，能够积极将相关系统数据科学导入财务程序中。第三，积极将一些会议记录、支持性信息以及特定项目有机联合起来。通过企业信息系统科学进行会计分录、现金付款、购货、销售等一系列交易活动，并能够及时作出相应的会计估计。比如，明确应收账款中可回收金额的具体变化。依据非标准的分录对一些异常交易、不重复发生的交易进行科学记录，有机生成非标准分录。比如资产减值、企业合并等。第四，通过信息系统科学获取具有更重要影响作用的情况与事项。比如折旧、摊销及坏账准备等。第五，积极开展相关财务报告编制工作，及时对重大会计展开估计与披露。依据会计准则以及相关制度要求，有机进行披露信息记录，并在财务报告中凸显出来。第六，科学识别管理层的相应风险问题。基于对信息系统的各项财务报告的了解，注册会计师要关注管理层的实际控制风险，规避不良控制行为所引发的重大错报风险，并对一些被审计单位不良交易处理科学展开纠正处理。

（4）对与财务报告相关的沟通的了解

注册会计师应该积极对被审计单位的一些财务相关岗位职责以及财务报告的一些重大事项展开沟通与交流，同时也要增进与管理层、治理层、相关外部部门之间的沟通，需要明确以下要素：第一，管理层是否与相关员工展开职责责任沟通；第二，是否科学建立沟通渠道，有助于解决一些可疑不良事件；第三，是否确保相关人员能够正确履行职责；第四，与其他外部人士进行沟通，是否采取更科学的管理行动办法；第五，审计单位是否依据监管机构要求，实施自我行为约束。第六，客户以及供应商是否获知相应的行为守则。

（5）对控制活动的了解

注册会计师在开展控制活动时，也需要积极将这些控制活动单独或者连同其他共同进行考虑，及时发现其中可能存在的一些重大错报问题。然后对这些重大错报问题进行科学化的识别与了解，从而科学开展相应的控制活动。假如多项控制活动能够有机实现具体目标，那么注册会计师可以不需要对每项控制活动都进行相关的了解。

通常情况下，注册会计师需要积极对被审计单位的一般控制活动展开及时的了解与评估，尤其是信息技术这方面的控制。一般情况下，需要参考以下核心要素。第一，被审计单位是否依据相应的控制政策和程序展开核心经营活动。第二，管理层是否有相应的财务以及经营目标。在公司内部是否以这些目标展开有效的沟通与交流，并积极进行记录以及监控。第三，能否科学识别与目标业绩之间的差异，并依据一定的计划与报告系统展开汇报。第四，管理层是否对差异展开深入调查，并明确相应的纠正对策。第五，职责分离程度如何，是否可以有效规避舞弊及不当行为所引发的各种风险。第六，是否定期核对会计数据以及实物资产。第七，是否有相对保护策略，防止未经授权接触相应资料。第八，是否设置信息安全职能部门，有机运行各项安全政策与程序。

（6）了解对内部控制的监督

注册会计师需要以被审计单位为了解和评估工作的主要核心对象。一般情况下需要参考以下要素。第一，是否定期对内部控制展开科学评价。第二，正常职责履行时，是否掌握有效运营证据。第三，通过与外部的交流，是否可以积极证明所出现的一些问题或信息。第四，管理层是否采纳相关会计人员的内部控制建议。第五，管理层能否对控制运营中的误差进行有效纠正。第六，管理层是否能够积极制定科学纠正策略。第七，是否能够与相关职能部门进行协调，并对相应的审计职能展开深入的要素分析。比如独立性、权威性、汇报对象、人员培训、特殊技能等。同时，也要积极对活动范围、计划、风险评估以及最终的执行结果的适当性进行有效保障，并对经营管理责任进行明确划分。

四、控制测试和实质性程序

注册会计师在展开相关评估工作时，要积极对其中的交易、账户余额、重大错报风险等展开系统化审计流程。一般情况下可以采用控制测试以及实质性程序。

（一）控制测试

1.控制测试的含义及要求

控制测试其实是对控制运行的有效性展开测试，也就是在不同时点能否按设计流程展开相应的控制执行工作。通常情况下，它与成本效益具有一定的联系。注册会计师在对内部控制进行一定的了解与认知后，如果判断某项控制存在可利用价值，那么注册会计师可以积极对其中的重大错报进行防止或纠正，确保控制测试的有效运行。

一般情况下，注册会计师可以从以下几个方面获取控制运行有效性的一些审计证据。第一，何时运行；第二，是否得到充分执行；第三，由谁执行；第四，以何种手段运行。在进行这样的运行有效性测试时，注册会计师应该能够从更多方面对交易展开检查，同时对不同时点进行科学观察。

2.控制测试的方法

控制测试的方法，也就是在具体控制测试时所运用到的各种相关审计工作的类型与组合。一般情况下可以包含询问、观察、检查、穿行测试、重新执行。

（1）询问

一般情况下，注册会计师可以积极通过询问这一方法有效获取更真实的内部控制运行情况。比如，注册会计师可以积极向余额调节表的制作人询问复核的方式、核心以及如何规避不符合事项等。可是现实状况中，询问并不是唯一的获取证据方式。注册会计师可以积极依据检查执行时的一些手册、报告、文件等，与多个员工之间的询问进行结果印证。因此，实际运用过程中，需要积极与其他各种测试方式有机结合起来，真正发挥出询问的真正功效，同时注册会计师也应该积极树立职业怀疑态度。

（2）观察

观察主要运用于一些不含书面记录的具体控制运行状况的有效解决措施。比如，通过观察，及时明确库存现金的真正执行情况。通常情况下，该方法可以比能够获取证据的方法具有更加强烈的可靠性。只是注册会计师需要明确该项控制到底有没有在未在现场时得到有效执行。

（3）检查

检查主要针对的是复核时或者执行控制时所留下的一些书面记号、文件等进行有机实施的方式。例如，相关发票有无复核人签名、有无订购单以及出口单等。一般情况下，该方法可以对于一些有书面记录的控制具有有效的实施效果。

（4）穿行测试

穿行测试其实是为了对注册会计师的一系列工作状况以及是否得到执行进行有效的证实，主要是面对追踪交易而展开相应的处理过程的，充分明确注册会计师的了解程度、评价有效性以及相应的控制执行结果等。

（5）重新执行

注册会计师其实是基于重新执行来对控制的有效运行进行科学验证与证实。比如，被审计单位在进行销售价格与统一价格核对时，需要相关人员能够认真进行核对。这时候，不仅需要复核人员签字，注册会计师也要选取部分相关发票展开核对工作，这就是重新执行，有效确保计价认定的准确性。通常情况下，注册会计师如果通过一系列科学手法，比如询问、观察、检查等，不能获取足够的审计证据，这个时候可以通过重新执行来科学检测与证实。假如工作量相对较大时，注册会计师可以考虑采用控制测试，有机缩小工作范围，切实提升工作效率和质量。

3. 控制测试的时间

控制测试的时间包含两层含义：一是何时实施控制测试；二是测试所针对的控制适用的时点或期间。一个基本的原理是，如果测试特定时点的控制，注册会计师仅得到该时点控制运行有效性的审计证据；如果测试某一期间的控制，注册会计师可获取控制在该期间有效运行的审计证据。因此，注册会计师应当根据控制测试的目的确定控制测试的时间，并确定拟信赖的相关控制的时点或期间。

根据《中国注册会计师审计准则第1231号—针对评估的重大错报风险实施的程序》指出，如果仅需要测试控制在特定时点的运行有效性（如对被审计单位期末存货盘点进行控制测试），注册会计师只需要获取该时点的审计证据。如果需要获取控制在某一期间有效运行的审计证据，仅获取与时点相关的审计证据是不充分的，注册会计师应当辅以其他控制测试，包括测试被审计单位对控制的监督。换言之，关于控制在多个不同时点的运行有效性的审计证据的简单累加并不能构成控制在某期间的运行有效性的充分、适当的审计证据；而所谓的“其他控制测试”应当具备的功能是，能提供相关控制在所有相关时点都运行有效的审计证据；被审计单位对控制的监督起到的就是一种检验相关控制在所有相关时点是否都有效运行的作用，因此注册会计师测试这类活动能够强化控制在某期间运行有效性的审计证据效力。

4. 控制测试的范围

通常情况下，可以积极考虑以下要素来有机地对控制的测试范围进行科学明确。第一，明确执行控制频率。一般情况下，被执行单位在拟信赖期间，相应的频率越高，范围也就越大。第二，明确控制运行有效性的时间长度。如果时间长度具有一定的差异性，那么所发生的控制活动次数也具有一定的差异性。如果你信赖期间越长，那么相应的控制范围也越大。第三，积极对重大错报进行有效的防止与纠正，从而确保审计证据的可靠性与相关性。如果这两项要求相对较高，那么控制测试范围也就较大。第四，积极测试并认定相应的审计证据获取范围。一般情况下，要对审计证据的充分性与适当性进行有效保障，而相应的控制范围可以有机缩小。第五，风险评估时，科学确定相应的控制运行有效性的程度。一般情况下，拟信赖程度越高，相应的测试范围越大。第六，对预期偏差进行有机掌控。通常工作状况中，注册会计师应该积极明确控制的预期偏差率。一般情况下，相应的控制的预期偏差率越高，相应的范围也就越大。假如出现过高数值，那么注册会计师需要意识到，通过控制，可能不能真正地将一些重大错报风险降低到可接受水平，从而将某项控制测试视为无效。

（二）实质性程序

1. 实质性程序概述

实质性程序，其实可以充分对一些审计的基本工作流程进行风险导向，并且属于一项必备程序。主要目的是充分发现其中可能存在的各种重大错报。

（1）实质性程序的内涵和要求

实质性程序是指注册会计师针对评估的重大错报风险实施的直接用以发现认定层次重大错报的审计程序，包括对各类交易、账户余额、列报的细节测试以及实质性分析程序。

由于注册会计师对重大错报风险的评估是一种判断，可能无法充分识别所有的重大错报风险，并且由于内部控制存在固有局限性，无论评估的重大错报风险结果如何，注册会计师都应当针对所有重大的各类交易、账户余额、列报实施实质性程序。

中国注册会计师审计准则对注册会计师实施实质性程序提出了总体要求，即注册会计师实施的实质性程序应当包括下列与财务报表编制完成阶段相关的审计程序：①将财务报表与其所依据的会计记录像核对；②检查财务报表编制过程中作出的重大会计分录和其他会计调整。

注册会计师对会计分录和其他会计调整检查的性质和范围，取决于被审计单位财务报告过程的性质和复杂程度以及由此产生的重大错报风险。

如果认为评估的认定层次重大错报风险是特别风险，注册会计师应当专门针对该风险实施实质性程序。比如：如果认为管理层面临实现盈利指标的压力而可能提前确认收入，注册会计师在设计询证函时不仅应当考虑函证应收账款的账户余额，还应当考虑询证销售协议的细节条款，如交货、结算及退货条款；注册会计师还可考虑在实施函证的基础上针对销售协议及其变动情况询问被审计单位的非财务人员。

如果针对特别风险仅实施实质性程序，注册会计师应当使用细节测试，或将细节测试和实质性分析程序结合使用，以获取充分、适当的审计证据。

（2）实质性程序的时间

注册会计师在实施实质性程序时，首先要明确实施时间，是期中进行还是期末进行，还是同时进行。

①对是否在其中实施实质性程序的考虑

注册会计师在决定实施实质性程序时间时，一般情况下，可以有以下两种方式。首先，有机延伸实质性程序，直至期末。其次，充分将实质性程序与控制测试有机结合起来。但是无论采取哪一种方式，都会消耗一定的审计资源。因此，注册会计师应该积极对这种两种方式所耗费的审计资源进行科学权衡，有效确保期中实施以及延伸至期末实施所耗费的总审计资源量能够小于直接进行期末实施的审计资源消耗量。

②对其中实质性程序取得的审计证据的考虑

注册会计师在进行实质性程序实施时，如果可以将期中测试有机延伸到期末，那么注册会计师应该积极对剩余期间进行有机衡量。如果相应的实施实质性程序条件不充足，那么注册会计师需要积极对剩余期间的控制运行有效性进行及时的测量。同时，也要紧紧围绕期末实施实质性程序来充分展开这样的工作。

当注册会计师已经识别相应重大错报风险，并将期中结论有机延伸到期末，那么这一系列审计程序是不被法律认可的，具有无效性。注册会计师应该积极在期末或接近期末时，有机开展实质性程序。由于重大错报风险，属于特别风险。因此，相关被审计单位存在一些舞弊行为，比如错报或操纵。

注册会计师可以积极将期中实施的实质性程序结果或者实质性程序与控制测试有机融合的结果，与期末信息进行对比分析，从而有机查询到存在的异常金额，然后再对剩余期间科学实施实质性分析程序或者一系列的细节测试，以机明确真正的测试结果。

注册会计师首先明确是否在期中实施了控制测试，其次积极与财务信息系统所提供的期末账户余额以及剩余期间交易有关的各种信息对比分析，最后科学决定是否在剩余期间实施相应的实质性程序。

注册会计师应该积极对剩余期间所实施的实质性程序内部所存在的一些异常交易、异常波动等进行有效的关注并展开调查工作。

注册会计师应该积极对剩余期间所展开的实质性分析程序的有机构成要素进行科学化预期分析，比如其中的一些余额或者重要性构成要素等。

注册会计师在开展账目查询工作时，如果发现期中账户存在错报，那么就应该积极对相应的交易、账户余额等展开一系列的风险评估并有机纠正，同时也要对剩余期间的实质程序的时间、范围、性质等进行重新拟定或者有机扩大这些程序的范围，或者重新开展新一轮的实质性程序。

③对在以前审计中实施实质性程序获取的审计证据的考虑

通常情况下，以前审计过程中有机实施实质性程序所得到的一些审计证据，对本期而言证据效力相对较弱或者不存在证据效力。因此，对于本期所发生的重大错报风险无法有机应对。假如曾经获取的审计证据未发生重大变动，那么可以用作本期的审计证据，且具有一定证据效力。而在本期开展审计程序时，注册会计师要对这些证据的持续相关性进行科学判定。

（3）实质性程序的范围

通常情况下，以下两个要素可以对实质性程序的范围大小产生一定程度的影响：首先，认定层次的评估；其次，控制测试结果的实施。假如注册会计师认为一个重大错报的认定层次评估风险越高，那么相应的实质性程序范围也就越广。假如最终控制测试结果不能令相关人员满意，那么注册会计师就可以思考适当扩大实质性程序的范围。

为了能够有效明确实质性程序的范围，注册会计师既要思考样本量，还要思考具体的选样方式的有效性以及可接受差异额的具体大小，比如已记录金额、预期值等。

2. 细节测试

通常情况下，注册会计师要积极对相应实质性程序的类型进行有机明确。在此过程中，可以依据交易、账户余额、列报的性质进行科学选择。而实质性程序的类型以及组合，可以有机凸显出它的性质。一般情况下包含以下两种类型：细节测试、实质性分析程序。

为了能够更高效地识别财务报表中是否存在错报现象，可以积极展开细节测试，尤其对其中的各类交易、账户余额、列报展开科学化的细节测试。

通常情况下，细节测试的可适用范围面相对较广，比如用于各类交易、账户余额、列报认定等方面。尤其是对于一些存在、发生、计价认定的相关测试。

通常情况下，依据重大错报风险的不同认定层次，注册会计师可以展开相关的细节测试。比如，如果针对已经存在或发生认定展开细节测试时，应该对包含在内的各项财务金额项目展开审计证据收取。对于一些完整性的认定展开细节测试时，需要依据相应的证据，对包含在内的一些金额项目展开分析，也要科学调查这些项目是否包含在证据范围内。

3. 实质性分析程序

实质性分析程序，本质上属于一种分析程序的技术。主要是对各类研究数据进行关系分析，有机生成评价信息。并以此为基础，展开相应的实质性程序。也就是对各类交易、账户余额、列报以及各项认定等，展开有机识别，并明确是否存在错报现象。

注册会计师在开展工作时，如果发现在某一段时期内，发生了大量交易，并且存在一定的可预期关系，这个时候可以有机实施实质性分析程序。

注册会计师在开展实质性分析程序设计时，需要考虑以下要素。第一，科学明确该实质性分析程序的适当性。第二，科学作出预期，确保相关数据的真实性。比如，已记录金额、比例等。第三，通过对预期的准确度进行衡量，有机识别重大错报。第四，明确可接受的差异额，比如计入金额、预期值等。

第二节　数据风险绩效考核

一、数据风险绩效考核的内涵

（一）风险绩效及风险绩效考核

风险绩效是基于风险控制层面的，具体是指组织在完成其计划和战略目标的过程中会不可避免地面临各种不利于组织利益的活动，即风险，为了将风险带来的损失控制在可容忍范围内，组织针对所有相关员工设定最大出错指标，并以员工实际出错金额低于该指标越大越好为考核员工工作完成情况的一个重要参考，该员工实际的出错金额，就是组织考核员工工作完成情况的风险绩效。

风险绩效考核是组织为员工制定风险控制指标、对其执行情况进行考核的过程虽然检索到的文献国内外绩效管理论著中，还没有将风险绩效写入特定的章节，但事实上，在现实中各行业具体实施员工绩效管理时，已经体现了组织风险控制因素和风险绩效考核思想。随着市场经济环境的日益复杂，组织竞争日益激烈，组织的风险控制问题日益突出，在员工绩效考核的内容中，风险绩效考核将逐渐成为其中重要内容之一。

会计师事务所作为市场经济主体中特殊类型的组织，其信息化环境下财务报表审计风险因素更加复杂，从而决定了信息化环境下会计师事务所控制风险、实现整体资源风险控制的战略目标，需要对每一具体审计项目的员工实施风险绩效考核。

（二）数据风险绩效考核的概念与特点

数据风险绩效考核是针对信息化环境下独立审计数据风险控制问题而提出的，是会计师事务所为实现其风险控制不超过其整体资源抗风险等级的战略目标、项目审计风险不超过项目整体重要性水平而采取的员工绩效考核策略。数据风险绩效考核具有以下特点。

1. 是注册会计师行业报表审计业务提出的特定绩效考核指标

对于一般意义的企业员工绩效考核，可能无须单独设计风险绩效指标进行，因为如果员工完成的业绩越好也就意味着风险控制得越好，风险绩效可以通过正常的绩效考核指标反映。

但对于会计师行业则不同，会计师事务所承接的报表审计业务，由于审计手段的局限性和对审计数据的充分性及理解程度不同等问题的存在，审计风险是不可避免的，审计人员对于特定报表项目一定存在未能揭示的各种错误，那么单纯考虑事务所员工完成的业务数量、效率等问题，不能代表审计的质量，报表审计质量很大程度上通过审计风险控制情况予以反映，因此，这里设计的风险绩效考核可能在传统意义的行业中无须单独进行，但对于会计师这个风险高而又不可避免的行业来说是必需的。风险绩效考核正是针对会计师行业的报表审计业务而提出的。

2. 按照数据导向审计的实质性测试岗位进行考核

审计风险的控制是伴随着审计实质性测试的深入而进行的，因为只有实质性测试才能将前期风险评估的推测最终证实。按照岗位设置风险绩效考核指标，并将审计人员未查证的可能错误金额和查证错误金额合日数与该指标进行比较，以衡量各个岗位上风险绩效的完成情况。数据未查证错误，是指被审计单位报表项目中或信息系统、数据库中存在重大错误或缺陷，审计人员没能够通过收集恰当的数据给予确切揭示，无法知道这些错误金额的实际数字。注册会计师需要对未查证错误的性质和可能金额给出客观估计，因此也称为推断错误。

另外，为了鼓励审计人员能够有效控制风险，还有必要将风险绩效考核完成情况，结合成本投入产出比率，设置综合定量考核指标，并将这个综合指标与员工的薪酬奖金等挂钩。这样既便于事务所风险绩效的考核，也有利于激励员工向着有利于成本效益原则基础上的风险控制方向努力。

二、实质性测试的主要岗位

信息化环境下审计实质性测试主要设置的岗位，对于不同的事务所、不同的审计项目一般会有不同，主要根据目前信息化环境下的审计实践中工作的流程和内容的相关性，设计了两个主要的大岗位，其中各自又包含了若干小岗位。

数据采集整理岗。主要职责：负责被审计单位信息系统安全性测试与分析、数据库的分析、接口转换、数据采集、转换和清理。本岗位工作的结果是事务所审计软件所能处理格式的电子账套数据，其他岗位的审计人员可以就此进行审计。本岗位数据采集的内容就是审计的内容，因此，可以说本岗位的职责至关重要，如果数据采集不到位，或者在清理与转换过程中，造成重要数据的缺失，都会导致后续所有审计过程存在不可避免的误差。这意味着数据采集整理岗位与后面的各岗位的风险绩效之间具有因果关系，在审计实务中，一般是技术比较全面的项目负责人、主审注册会计师亲自完成此项工作。

尽管本岗位的职责比较重要，但是本岗位的一些错误可以在后续审计过程中发现而自动弥补，因为数据采集不完全或者有错误，在后续审计过程中，一般可以通过数据验算不平衡等检查出来，进而再重新采集整理，所以本岗位风险绩效考核可以放在风险整体控制考核中进行，一般不需要单独进行。

在审计实务中，由于采集的数据既有财务数据、又有大量的业务数据，所以如果采集这两部分数据由不同的审计人员来完成的话，可以将本岗分为财务数据岗和业务数据岗两层，然后根据两个岗位采集数据量的大小、采集工作的难度以及数据的重要性等分别制定考核指标，并根据执行过程中出现的具体情况及时调整。

数据分析计算岗主要职责通过建立审计分析模型和审计分析性“中间表”利用应用软件、编写计算机语句对数据进行复算、检查、核对或判断等具体地分析，得出各阶段的审计结论。在本岗中将完成整个报表审计业务的主要内容，因此审计实务中，财务数据岗通常按照报表项目再细分岗，如资产岗、负债岗、所有者权益岗、收入岗、费用岗、利润岗以及业务数据岗等，这些岗位还可以按照报表项目继续细分，如资产岗可以细分为流动资产岗、固定资产岗、其他资产岗等。然后按照岗位分配风险绩效的考核指标，将指标的完成情况落实到审计分析岗的各个工作小组或具体的审计人员，从而达到风险控制的目的。本岗中业务数据岗的主要作用是辅助财务数据内容进行核对，提供财务数据以外的业务信息。被审计单位的绝大多数业务数据内容会反映在财务数据中，但也有一些特定的业务数据不需要，也无法在财务数据中反映，有时这些数据也很重要，会成为审计的线索。

三、数据风险绩效考核指标

（一）数据风险绩效考核指标的设置

如今在信息化时代背景下，审计人员在展开相应的数据风险绩效考核时，主要是对查证、推断等导致的一系列错误金额进行合计，然后积极对一系列岗位上的分配重要性进行有机对比分析，从而真正将各岗位所分配的重要性水平视为有效考核指标，来对数据、风险、绩效进行科学衡量。

（二）数据采集岗风险绩效的考核

科学开展数据采集整理工作实践时，通常会出现一些数据采集错误，例如数据不全面、关键数据未提及、后期数据没有及时进行转换、清理等，以致一些数据的内容与实际情况不相符合。通常情况下，被审计单位的数据量相对来说很大，业务情况也相对复杂，因此实际工作实践中经常会出现这种数据错误。可是一旦超过具体的考核指标，那么则表示本岗位风险绩效考核并未完成。这个时候需要积极采用以下手段：第一，科学订正数据错误，并有效降低到实际风险绩效考核具体指标之下；第二，通过采取追加审计程序等，有机证实相应的未查询部分，从而真正将审计风险有效降低，并掌控在一定可接受范围内。

第三节　“互联网 +”辅助审计风险及防控

一、“互联网 +”辅助审计的意义

科学运用“互联网 +”辅助审计工作，可以有效规避相应的审计风险。同时也可以高效提升审计效率和质量，属于一项重要的辅助工具。

（一）“互联网 +”辅助审计扩大了审计的覆盖面

通过积极运用“互联网 +”辅助审计工作，可以积极通过会计电算化运用，充分提升抽查审计的覆盖面。

（二）“互联网 +”辅助审计强化了对关联事项的监控

通过积极采用“互联网 +”辅助审计工作，可以将不同单位的各种数据进行拼接组合，充分满足审计需求。

（三）“互联网 +”辅助审计深入了对疑点问题的追踪

“互联网 +”辅助审计可以有助于相关工作人员进行审计证据收集与整理。

（四）“互联网 +”辅助审计极大地提高了审计效率、优化了审计资源的整合

通过积极实施“互联网 +”辅助审计，可以有效地将各种电子数据进行转换与整合，从而逐步优化审计资源的整合效果，确保审计方案具有一定针对性。

（五）利用计算机进行审计管理

审计人员可以积极通过计算机对相应的年度审计计划执行情况、任务安排、时间预算等进行有机编制。同时，还可以积极运用计算机来对相应的审计报告进行编写处理，从而确保相应的报告格式、措辞等能够有机适合标准规范要求。同时，还可以积极通过计算机技术对相应的审计档案进行高效管理。

（六）利用计算机建立审计数据库

如今，审计人员在开展审计工作时，可以积极利用审计数据库，切实对一系列相关的历史资料、历史报告、工作底稿、内部控制制度等进行随时检索与查询，并能够对其中关键信息进行科学调阅。通过科学建立审计数据库，并充分运用，可以充分对审计人员的审计效率进行一定程度的提升，同时确保审计质量。

（七）利用审计软件进行财务系统审计

一般情况下，可以积极采用各类审计软件，从而真正对整个财务系统展开科学化的符合性测试以及实质性测试。例如，运用审计软件充分发挥出计算机辅助审计的实际计算功能，有机对各类数据进行查账、复核、核对、抽样、汇总、分类、预测、决策等。因此，科学利用审计软件可以有效增大审计范围，充分保障审计工作的效率和质量。

二、“互联网 +”辅助审计产生的风险

（一）形成计算机审计风险的原因

1. 传统审计线索逐渐消失

传统手工审计工作开展时，无论是各种凭证、账簿以及财务报表编制等，通常情况下，整个审计工作线索相对清晰完整。可是在开展现代化会计电算化系统应用时，由于大量相关信息都存储在磁盘上。而一些相关工作人员可以对磁盘上的各种数据进行修改、删除、转移等，因此相关审计人员在开展审计工作时，有机识别错误数据的可能性有所降低，因而引发一系列审计风险。

2. 动态中进行审计取证

由于审计工作实践中，审计人员需要用到计算机会计信息系统，而该系统一直处于运作中，审计人员既要完成审计任务，也要保持会计信息系统的运作稳定性。因此在进行审计取证时，需要在计算机会计信息系统的运作过程中科学展开，具有一定的技术难度，同时也伴随一定的审计风险。

3. 内控制度的不完善

由于审计实践中，经常会用到会计电算化系统，而该系统的内部控制技术与方式有了不同程度的改变。其中，大量审计工作操作时，主要依赖于计算机处理，因此能否科学有效使用该系统的内控功能，都会对该系统输出信息造成不同程度的影响，而能否获得更真实、更准确的数据也依赖于相应的内控功能。因此，由于内控环境的复杂性以及相应局限性，可能会引发一系列舞弊行为，从而不断增加审计风险。

4. 缺少规范的计算机审计标准和准则

与传统手工审计工作内容相对比，可以发现，如今现代化的计算机辅助审计所面对的对象和工具等，都有了一定程度的改变，而审计的具体技术手段也有了一定的动态变化。如今更新型的能够有机适用于计算机辅助审计系统的相关技术标准和准则，还没有制定，因此有可能会引发审计风险。

5. 审计主体方面的因素

第一，有机提升审计人员的综合素质。随着信息技术以及网络技术的高速发展，计算机辅助审计需要面对更加复杂的多种对象。因此，既需要掌握一些基础性的财务理论知识，比如会计实务、财务管理等，还要掌握一系列的计算机基础知识以及具体操作技术。比如信息处理技术、网络技术、会计分析软件技术、计算机硬件技术等。否则，凭借审计人员既有知识经验以及技能，不能充分适应现代化审计工作的具体需求，以至于在开展相应的审计工作时，会导致审计结论与计算机辅助审计系统的真实情况发生偏离，从而产生一系列的审计风险。

第二，充分提升审计人员的风险意识。与传统审计工作相对比，可以发现如今现代化的计算机辅助审计工作被赋予了更深入的内涵。同时也对相应的审计工作内容进行了逐步的补充与完善。可是，由于计算机辅助审计系统的风险性具有破坏性大、隐蔽性较强、可控性较差等一系列特征。因此，审计工作人员需要积极提升自身的风险意识，既要高效完成审计工作任务，同时也需要对审计工作任务中的一些风险内容进行变换。

（二）“互联网 +”审计的主要风险

1. 来自计算机的风险

（1）系统控制风险

审计工作开展过程中，需要运用到计算机系统，而这一系统所处的环境会存在一定的风险，主要指的是硬件风险。由于审计工作人员在进行审计工作时，需要输入大量的计算机数据，并且在进行相应的数据记录以及系统操作时，并没有统一的操作标准以及科学的规范。随着互联网的融入，以及计算机系统本身存在的技术漏洞等，导致黑客、病毒能够趁机侵入进来，从而对整个计算机信息系统的安全造成不同程度的威胁，因此引发计算机系统控制风险。

（2）审计软件风险

通常情况下会发生审计软件风险，主要是由于软件的真正应用功效不能紧跟审计工作的实际发展需求。另外，软件升级相对不够优化与完善，系统运营也不太稳定，都会导致各项数据计算、分析等，发生一定程度的误差，从而对审计工作的效率和质量造成一定程度的负面影响。如果审计人员不能科学正确运用审计软件，那么必然会引发审计软件风险。

2. 来自财务数据的风险

财务数据风险，一般情况下发生于数据转换过程中。通常情况下，主要基于计算库、转换库、报表库、指标库等。

（1）数据真实性风险

审计线索的变化，使得电算化系统可以被人无痕地修改数据，包括公式定义、编制结果、打印格式乃至数据来源等机内文件，倘若有人蓄意改动公式，编写虚假的财务报表，再把公式还原，其他人将难以判断该报表数据的真实性和准确性。在传统审计追踪审查中，审计人员更多是凭借个人经验和判断来入手，这就使电算化系统下真假数据的甄别具有很大的难度。

（2）数据客观性风险

审计人员在开展审计工作时，需要积极地与被审计单位进行良好的沟通与交流，才能更有效地实现审计目标。如果在进行取证的过程中，发现被审计单位隐瞒了一系列变更事项，比如会计程序、人员权限变更等，同时也对一些关键资料进行刻意隐瞒，那么被审计单位对审计证据的客观性造成了不同程度的影响，同时也影响了审计人员的客观评价，从而相应增加了数据客观性风险。

3. 来自审计行为的风险

（1）审计人员专业水平

审计人员如果只是掌握基础性的审计知识以及简单的计算机知识，那么将不能充分迎合时代的发展需求。由于老年化现象的发生，部分审计人员具备扎实的理论知识以及实践操作能力，可是不能高效地展开计算机知识运用，以至于这部分审计人员不能充分迎合单位会计信息系统的实际运用能力需求。另外，有一些较年轻的审计人员，他们能够高效开展计算机会计信息系统的实际应用。可是由于他们的知识技能相对较浅，不能充分满足系统结构设计的真正要求。因此不可避免将产生审计风险。

（2）审计人员风险意识

审计人员应该积极提升自身的认知，充分明确审计工作的重要意义与价值，同时也要积极对自身的风险意识进行有效培育，科学规避日常审计工作中的一些不认真、应付态度等，积极保障审计工作的稳定进行，科学规避审计错误的发生，从而也可以有效避免严重的损失现象的产生。

三、“互联网+”背景下的审计风险防控

如今计算机辅助审计工作也遇到了较大的风险和挑战。因此，应该积极对相应的审计标准和准则进行不断的优化与完善，科学成立内部控制体系。另外，要积极迎合现代化的信息技术以及网络技术的发展，有效开发更实用的计算机审计软件等，有效规避所产生的一些审计风险等。

（一）提高计算机审计人员的素质

为了能够高效地适应这样的审计工作需求，我国已经更加重视对相关审计人员的综合素质培养。首先要对这些人员的计算机应用水平进行有机提升与强化。其次要定期开展相应的审计专业培训，充分培育出既懂会计又懂审计的复合型综合人才，同时也要能够积极对相应的现代化审计系统进行有效的开发与改进，从而科学建设出具有优质审计专业水平的高素质人才队伍，切实发挥出他们的专业能力。

（二）健全计算机审计准则和标准

面对如今高速发展的计算机辅助审计工作，原有的一些标准和准则已经不能充分满足该系统的现代化运用，因此也给这些审计工作带来了一定的风险和挑战。如今应该积极迎合新时代发展背景的需求，积极对审计准则和标准进行有机重新优化与完善，鼓励相关部门能够科学运用有效措施，充分对计算机审计工作展开深入的研究与分析，从而能够有机制定出更科学的审计标准和准则，充分规避相关审计工作的风险。

（三）建立内部会计控制体系

新时代背景下，由于计算机辅助审计疏于对内部控制的管理，因此容易产生相应的风险与挑战。比如，审计部门并没有及时明确岗位分工，如果由一个人同时进行数据输入与审核，那么不可避免将出现一些审计问题。还有一些计算机辅助审计系统，没有充分进行授权与指定，以至于非审计人员也可以参与进来。因此，在进行计算机辅助审计系统开发研究时，应该积极关注内部控制的有效设计，能够确保更精准地进行数据采集与分析。

（四）保证审计数据的完整性和一致性

审计部门在开展审计工作时，首先要确保审计数据的完整性和真实性。因此审计工作人员应该积极对被审计单位所提供的各项数据进行有效的分析与探究，明确其是否真实，是否属于相应时间范围内。同时，这样的数据是否有纸质账簿、报表等，并且是否配套。另外，也要积极对这些数据进行分析，是否属于结账后数据等。其次，审计人员也要确保这些财务数据的真实性，因此应该在进行数据交流的现场，及时进行备份获取。

（五）选择合理与有效的审计方式

新时代背景下，应该积极采用现场审计的方式或者突击审计的方式，将存储于那

些容易被删除、篡改并且不留痕迹的磁性介质中的重要数据信息有机拷贝出来，科学进行审计审查，从而有机降低审计风险的发生，确保数据没有被经过修饰处理，高效提升审计工作的效率和质量。

通常情况下，审计人员的具体工作量已经有了明显的减轻，比如减少了复制、核对、计算、汇总等各个方面的工作量，也对审计人员的工作时间进行了明显缩短，充分提升了审计人员的工作效率和质量。

（六）努力开发实用高效的计算机审计软件

随着时代的发展与进步，应该积极对相应的计算机辅助审计软件进行科学化的研究与研发，从而有效促进审计软件开发的工作进展。首先，这些审计软件能够积极发挥出强大的数据采集能力，能够更便捷地对各个被审计单位中的一系列数据库进行有效的访问，并从中收集工作相关的各类原始数据，充分为开展高效的计算机辅助审计工作奠定坚实的技术基础。其次，也要对现有审计软件的数据分析能力进行有机强化与提升，充分研究出新的分析工具，能够对一些特定领域展开现代化的高效率核算工作。同时，也要积极完善并优化相应的核对工具，更高效地促进审计软件的发展与进步。最后，也要积极对一些采用特定方法，能够科学进行审计问题解决的分析工具的研究。

第四节 非现场审计模式质量保障

一、计算机系统保障

如今已经科学开启了金审三期工程，有机实现 AO 与 OA 的交互运用。另外，随着我国计算机技术以及网络技术的快速发展，如今也可以有机进行计算机配置以及网络配置，满足每人一台笔记本电脑。这样的现状已经在我国一些地区实现了“现场审计实施系统”的联网，充分为全面开展高科技化的审计工作奠定了坚实的物质基础。由于该工程投资金额相对较大，可是监管模式并不一致，以至于在展开信息化建设时，通常情况下可以发现各地具有不同的发展状况，甚至有的时候还不能充分实现资源共享，另外还容易导致重复建设现象的发生，不可避免造成了一定资源的浪费。因此，为了能够科学搭建审计系统平台，所以从以下两个路径出发：第一，科学组建政府一致性的统一信息平台，能够高效实现数据集中处理以及信息共享，切实做到实时监控。第二，以省厅为核心，有机构建全省数据中心，能够充分将相应的整合与统一，有机结合起来，充分发挥出各自建设的重要意义与价值。

二、数据集中保障

如今，由于受到党中央和国务院的大力支持，审计机关在开展审计工作时，尽管有一些单位以保密为借口，对审计机关的数据采集工作造成了一定的阻碍，但是审计机关可以积极依据我国的政策支持，有机克服困难，排除阻力，积极推进审计工作的依法进行。

中央已经对各个地区部门的领导进行了明确指示，他们有义务向审计机关提供与职责相关的一系列电子数据资料等。同时，不能制定相应的拒绝提供数据等规定。如果已经制定了这样的规定，那么要坚决废止。对于一些有意向设置审计机关获取资料障碍的各级部门，要及时对他们进行通报批评，对于其中影响非常严重的部门，要科学实施追责问责。

依据审计法的具体规定，我国相关部门要积极迎合审计机关的实际需求，及时提供相应的预算、收支计划、预算执行情况、决算、财会报告等，并通过电子计算机的存储功效，对这些财政收支现象以及其中涉及的各种电子数据、技术文档等进行有效查看。如果相关机构在一些金融机构开立账户，那么相应部门也要及时出具相应的审计报告以及与财政收支相关的一系列资料与数据等。任何被审计单位不得故意拒绝、拖延、谎报等。另外，依据我国《国务院关于加强审计工作的意见》，任何部门以及国有企业、事业单位等都需要迎合审计机关的具体需求，及时提供相应的电子数据信息以及关键技术文档，共同开展联网审计。

为了确保审计工作的效率和质量，需要积极对各项数据信息进行质量提升。如今，依照审计系统的具体要求和规律，在进行相应的税收征管系统数据分析处理时，要对其中的各项遗漏数据进行科学采集，充分保证各项数据的准确率。第一，要积极对征管系统中的数据的准确性以及完整性进行科学分析，充分挖掘出其中所漏缺的数据，并及时进行补充采集。第二，积极强化动态数据采集工作。审计部门在开展日常审计工作时，首先要对各项数据信息展开科学分析，有机对其中的一些漏管漏证数据、不正常数据、错误数据进行及时核对，及时发现错误数据问题，并采用科学化的方法有机解决。而在进行第三方信息采集过程时，也要积极对数据库既有信息量进行不断的补充与完善。并要积极开展巡检制度，切实保障各项基础信息的准确率，切实促进我国现代化审计工作技术的发展。

第五章 非现场审计模式在保险业的应用

第一节 寿险公司非现场审计概述

一、我国寿险公司面临的风险

通过积极对我国寿险公司的经营状况进行分析，一般情况下可以发生以下三类内外部风险：第一类，财务风险；第二类，业务风险；第三类，管理风险。

（一）资产负债占比风险

由于受到资本充足率、偿付额度的影响，寿险公司在经营管理时存在一定的潜在偿付风险。比如，各项保费收入提升的时候，各项资产负债率不断增加，从而引发寿险公司面对一系列资产负债占比风险。

（二）资产负债不匹配风险

如今，我国寿险公司在进行运营管理时，经常会出现资产负债不匹配的现象，主要表现为期限、数额、收益率不匹配。经过科学分析，主要发现以下几方面问题。第一，我国寿险公司对资产匹配重要性认知不足。第二，没有先进的资产匹配技术和方法。如今，西方发达国家已经采用了一系列先进技术与方法，比如久期匹配、凸性匹配、缺口分析等。可是，如今我国国内的寿险公司并没有充分运用这些技术和方式。

（三）保险风险

如今，我国寿险公司已经积极开发了一些以储蓄型险种为核心的险种类型。通常情况下，具有高回报率、高手续费率等一系列优势。可是由于保险产品相对单一，不能够充分发挥出个性化服务的优势，因此不能充分满足我国实际市场经济下企业乃至个人的保险需求。另外，部分寿险公司的一些保费收入，主要源于个别产品，因此相应的产品设计风险较高。而产品设计风险与产品定价风险共同组成了保险风险的主要类型。

（四）营销风险

随着时代的发展与进步，在我国人寿保险劳动合同制发展趋势比较快速。因为个人代理人来自各行各业，每个部门，他们的金融业工作经验比较少，能力素质不太高。可能存有对客户进行欺诈、隐瞒等一系列违反规定营销个人行为，并存在一定风险。而且由于为了提升效益，在开展对应的服务时，非常容易将一些高危群体列入低风险群体缴纳社保范畴，从而造成比较大的营销风险。还有一些保险中介公司为了能提升业绩，选用违反规定手法，提升服务费及其提成开支等。与此同时，都没有严格执行对应的经营原则与规律，相对性扩张保险责任范围，进而对营销风险展开了一定程度的提高。

（五）内部经营风险

由于我国寿险公司相对经营时间较短，在展开各个运营流程时，相关技能并不是很充足，所以应该积极吸取国内外优秀金融经验，科学制定流程，展开高效监控，从而有效避免各类风险隐患的发生。

二、寿险公司开展非现场审计的必要性和目标

（一）非现场审计的含义及作用

现如今，审计单位能够积极主动选用非现场审计，立即对对应的材料和经济发展活动开展真实有效、合理合法、效率性查验与评估。与此同时，也应当切实发挥出非现场操纵的一系列优点，例如时效性、健全性等，助力企业正确理解风险管控，对自己的组织价值开展进一步强化，进而紧紧围绕企业目标，开展相对独立的经济监督及科学的点评活动。

积极主动利用非现场审计，能有效对统计数据、材料等开展科学的分析和梳理。同时也能够对所审计企业展开持续的检测，有机发觉存在的问题与疑问，协助现场审计更科学地进行审计样本选择。并通过难题搜索法，协助现场审计，更有目的地展开一系列审计活动，充分保证现场审计的效率和效果，节省各类审计成本。

综上所述，非现场审计主要功能包括以下几个方面。

1. 提高审计职责的威慑力

根据积极主动利用非现场审计设备和手机软件，审计单位能够对被审计企业的各种财务数据进行合理监管，以达到实时监控系统的效果。一般来说，审计组织能够通过一定的授权，立即浏览被审计部门的网络信息系统，有机开展非现场审计工作，并进行审计汇报。因为非现场审计，能够在被审计人不会被通告的情形下开展，因而可以有效避免刻意解决审计督导检查而造成的一些舞弊行为，高效率保证了审计的效率和效果，并切实发挥出审计应该有的单独监督职责。

2. 真正揭露企业非现场风险和隐患

在积极主动开展非现场审计工作中，可以实时对所审计部门的各项数据进行科学地分析和收集，与此同时及早发现其中的各项数据不正确及其系统漏洞，及时对可能会引起的各种风险性开展预警与避免。

3. 提高审计效率

作为我国大型企业集团之一，寿险公司在开展事后审计时，如果还是采用这样的

单一化模式，就不能充分迎合企业的实际发展需求。因此，可以积极采用事中审计以及事前审计有机结合的模式来充分确保审计业务的发展。通过积极采用非现场审计方式，审计人员可以更精准地了解被审计单位的各种实际状况，同时有效规避各类风险，并有效实行防范。通常情况下，非现场审计还能够有效节约相应的人力成本，并且对相应的覆盖面进行逐步扩大，充分增强相应的监督实效性，有效规避各类审计风险。因为不用审计工作人员进行现场核查，根据专业化设备及互联网，能够及时对被审计部门的各种各样被监控项目开展实时跟踪与审计，进而根据现代化互联网技术，迅速将所调研过的各种运营数据、财务数据等有机传输到审计单位专业制图软件中，充分运用电子计算机及其审计手机软件高速工作优点，可以对海量数据开展专业化的查找、查看、剖析、分类、融合等，直到对应的审计工作总结报告形成，最后合理保证审计效率和效果，高效率减少审计时间，同时明显降低人工成本。

4. 降低审计风险

现如今，在我国一些保险中介公司在开展审计项目的时候，必须在规定的时间内对所审计单位的各项数据、运营状况开展有机核查。因为工作时间很短，因而为了能够全方位对账务开展科学分析和核查，实际上具有一定的难度。与此同时也容易出现一些工作中系统漏洞或是没办法对涉及存有的疑点开展拓宽调研，所以对审计工作的责任风险性有了显著的提高。可是如今能够积极主动运用非现场审计方式，根据实时监控系统，对所审计单位的全年度情况开展科学理解与确定，同时将每个审计工作区划到各个工作中，及早发现并确定其中的疑点。最终，必须通过现场审计，进行调查取证、深入探讨、生成报告等基础流程。根据这样的方式，可以有效降低任务量，提高对被审计单位的充分了解，合理避开审计风险。此外，由于采用的是非现场审计的形式，不用和被审计单位实际工作人员进行太多接触，因而相对来说能够确保审计相关工作的客观性，协助审计结果可以更加公允。

（二）寿险公司非现场审计必要性

通过积极对我国寿险公司的审计工作进行分析与探究，可以发现，非现场审计具有非常重要的意义与价值。如果科学采用非现场审计方法，可以有机增进审计的效率和质量。一般情况下，非现场审计具有以下优势。

第一，非现场审计有利于提升寿险公司的管理水平，增强核心竞争力。第二，有机规避传统审计工作的复杂性以及多样性等缺点。科学开展非现场审计，有效克服相应的审计工作漏洞。

（三）寿险公司非现场审计体系的建设目标

根据积极主动对国内寿险公司的具体运营情况开展科学化分析和研究，需要明确在我国寿险公司非现场审计的目标。科学利用审计手机软件，在互联网技术的大力支持下，可以积极主动对对应的指标值展开科学的剖析。与此同时，配对专业技术人员，可以随时对整个公司的运营情况开展实时监控。换句话说，积极主动利用非现场数据监测技术，及时发现问题与系统漏洞，采用科学化审计方式，立即落实整改与优化，进一步推动非现场审计效率和效果的全面提高。因而，寿险公司应当积极主动建立下列非现场审计管理体系总体目标。第一，科学创建非现场审计管理体系，保证审计工作中有机运作，并且积极主动构建数字化、集约化的审计信息内容运营管理体系。第二，根据非现场审计体系具体需求，有机确立各类管控总体目标。一般情况下，能够重点围绕对应的违法乱纪难题，切实发挥出非现场审计的保护性作用，可以更好地与经营管理紧密结合，充分执行风险管控，切实发挥非现场审计的优势，有机完成相对应严格监管总体目标。第三，积极对非现场审计体系进行有效的推广与建设，实现相应战略目标。

三、寿险公司非现场审计体系的建设特点和要求

随着时代的发展与进步，如今寿险公司应该积极建立非现场审计体系，迎合新时代的发展需求。

（一）寿险公司非现场审计体系的建设特点

通常情况下，非现场审计体系的有机建设一般有以下特征。

1. 非现场审计体系应以公司风险管理为导向

随着时代的发展与进步，如今国际非现场审计协会也提出了一系列的非现场审计服务理念等。因此，我国寿险公司应该积极迎合时代的发展潮流，充分对自身的传统设计理念进行逐步地革新与优化，依据现有特征，紧紧围绕风险管理目标，充分打造非现场审计体系。

2. 非现场审计体系的建立受到公司现有网络构架等因素制约

如今，寿险公司应该积极改变传统的非现场审计理念，利用既有网络平台、审计软件等，充分对各类交易、管理信息等进行网络系统内的数字化流转，建立非现场审计体系，确保审计工作的高效、高质量进行。

（二）寿险公司非现场审计体系的建设条件和要求

1. 寿险公司非现场审计体系的构建条件

保险中介公司在开展非现场审计体系构建时，应当充分与各种网络空间、电子计算机环境相一致，科学应用对应的系统软件，展开对应的非现场审计工作，同时还要积极主动重视有关专业人员的配备，并科学创立企业培训体系，展开对应的非现场审计体系构建步骤。

（1）网络构架和审计软件体系构建条件

非现场审计需要较强的非现场数据采集和分析能力，并要保证被审计单位的数据安全性。基于上述目的，需要开发功能强大、通用性强的远程数据采集分析软件；搭配能够支持上述软件的网络架构和 IT 设备。为此，必须积极创造以下条件：

建立覆盖全公司的网络体系。结合寿险公司全国化、总分化的行政体系，建成覆盖全国是广域网及分公司的局域网，实现纵向和横向之间的连接，形成全公司的审计信息快速通道和高速公路。

开发通用的非现场审计软件。开发的非现场审计软件要有较强的数据采集功能。不仅能够采集关系型数据库数据的能力，最好也具有采集主流的非关系型数据的能力，至少具有可扩充的非关系型数据的采集能力。有较强的数据核对、汇总、分析能力。非现场审计软件必须具有较高的安全性，非现场审计软件连接被审计单位的数据库后必须保证被审计单位的数据的安全。

成立数据存储和分析中心。建立专门的非现场审计数据库，数据库中存储被审计单位的数据信息和档案信息。通过建立共享非现场审计信息库，使审计部门可以及时便捷地收集、汇总所有被审计单位的审计数据和情况，达到提供相关的综合分析与报告的目的，从而提高审计工作的监督力度和反映效率，进一步保障对区域经济发展的促进作用。

（2）非现场审计指标分析体系设立条件

新时代背景下，寿险公司应该积极依据自身的经营状态以及不同类型，有机对内外部环境要素进行科学制定，从而科学建立寿险非现场审计分析指标体系。一般情况下，要具备以下条件。第一，全面性。能够有机覆盖寿险公司大多数内外部风险，同时展开有效测量与汇总。第二，可操作性。依据相应的定量指标，积极从各个角度有机构建风险评价指标体系。依据自身监管实际水平和能力，将部分定性指标视为辅助指标，从而有效发挥出该体系的科学性和全面性。第三，动态性。依据复杂多变的市场情况，积极依据各类风险的实际状况，优化与完善非现场审计指标分析体系，从而能够发挥出该体系的监控有效性，并依据事实情况，作出不断的完善与调整。

（3）非现场审计专业人员配置和培训体系建立条件

开展非现场审计工作前，首先应该积极进行人员配置，然后科学建立培训体系，而这一系列过程都与相应的项目类别具有一定的密切关系，因此，为了能够高效进行人员选拔以及培训，需要积极对一些可拆分的审计项目进行了解，充分发挥出审计项目的导向作用。

2. 寿险公司非现场审计体系建设的要求

如今，随着我国国民经济的发展与进步，金融监管部门的理念、手段、方式也在发生不断的优化与完善。而我国银保监会也先后出台了一系列的保险公司治理文件、风险管理文件、合规管理等一系列文件，充分注重非现场审计的重要意义与价值，有机构建非现场审计工作模式，充分迎合寿险公司内外实际需求。具体要求如下：

（1）外部监管对寿险公司非现场审计体系建设要求

由于非现场审计在寿险公司内治理结构和非现场控制中的重要作用，中国保监会从 21 世纪初期起，要求寿险公司应遵循相关制定的《寿险公司非现场审计指引》。该指引对保险公司的非现场审计组织、职能、运作机制和责任制作了详细的规定。21世纪初期，寿险公司规模前三家大型集团公司均实现A股上市。公司的上市，标志着公司成为一家公众公司，肩负着为股东、客户、员工和社会公众创造价值的责任。上市的寿险公司迫切需要通过非现场审计活动，保证公司运营的合规性并为实现公司的战略目标提供保障。良好的公司治理对公司价值创造有着举足轻重的作用，非现场审计必将成为与有效公司治理不可分割的重要组成部分。

（2）寿险公司内部控制对寿险公司非现场审计体系建设要求

寿险公司需要积极认知到非现场审计的重要意义与价值，充分将非现场审计有机融入公司整个内部控制管理过程中，充分保障该制度的有效性。并且，明确非现场审计属于内部控制的一个有机组成要素。在开展内部控制活动时，应该积极以非现场审计为基础，高效开展公司内部控制。

四、寿险公司非现场审计体系的构建原则及步骤

（一）寿险公司非现场审计体系的构成

非现场审计的网络构架和软件体系是实现非现场审计的硬件基础；非现场审计分析指标体系是得出审计结论并提出审计建议的必要前提；合理、高效的非现场审计专业人员配备和培训体系则是非现场审计的运作核心。结合国外先进经验，非现场审计有浅度和深度之分。

浅度的非现场审计是指借助IT数据处理技术和联网技术，通过网络来处理、传送、查阅审计数据，使审计工作与计算机网络有机结合。在此阶段，非现场审计仍是计算机审计与手工审计技术的结合。

深度的非现场审计是指在搭建网络环境下，运用专业的非现场审计软件、制定专业的非现场审计分析指标、配备专业的非现场审计人才对共享资源和授权资源进行实时或定时、在线或非在线的个性化审计。在深层次非现场审计的背景下，绝大部分企业财务、运营信息被完全数字化，利用计算机即可完成审计任务。

通过上文对非现场审计体系的作用、目标、特点及设立步骤的分析，可以将寿险公司非现场审计体系分为三类，即：①非现场审计网络构架及非现场审计软件体系。在遵循经济性、效益性、及时性基础上，构建能够达到实施监控目的的非现场审计的网络构架及审计软件体系；②非现场审计指标分析体系。区分寿险公司的宏观分析指标和微观分析指标，以寿险公司财务风险、业务风险、管理风险等宏观分析指标为出发点，设计各类具体保单业务流程的微观分析指标为辅，构建能够监控和防范上述风险的各类指标分析体系；③非现场审计人员配备及培训体系。以非现场审计网络、软件、分析指标的使用为前提，在效益最大化基础上能够完成非现场审计项目为目的，配备和培训各类非现场审计专业人才。

（二）寿险公司非现场审计体系建设原则

通常情况下，科学构建寿险公司的非现场审计体系时，应该积极依据以下各种原则，有机展开实施。

1. 实时性原则

基于发达的网络以及自动化审计软件的运用，非现场审计可以及时对被审计单位的各项关键数据信息展开实时监控，甚至也可以及时展开风险预警。

2. 经济性原则

非现场审计的活动价值以及服务价值，可以有效凸显出自身对公司的价值。一般情况下，非现场审计的价值目标，也就是说，各项审计总成本要低于这两项价值的总和。审计活动价值，也就是说在开展一系列审计活动时，所有成本要低于审计活动成本。并且其中所造成的各种意外损失等。包含各项活动中所产生的潜在损失等，也要科学进行预防。审计服务价值，也就是对预期损失进行科学降低或者相对提升公司盈利机会，从而以更低的风险充分保障预期收益。

3. 系统性原则

非现场审计部门在展开相应的非现场审计工作时，需要充分意识到系统性原则的重要意义与价值，一般情况下包含公司层面以及部门层面这两个方面的内容。

4. 有效性原则

有效性原则，是指在展开非现场审计时，可以科学实现网络构架搭建、软件开发、审计指标运用以及人员配置、培训等。然后在最短的时间内，充分对被审计单位的各种实质性问题进行有效查找。并通过一系列督促措施，有效降低损失。在此过程中，也要积极对以上各项内容进行高效保障，从而确保科学实现最佳审计效果。

5. 风险性原则

风险性，是指对评估公司的风险状况进行科学评估，并采取一系列控制程序，有机开展非现场审计活动。最终能够充分以风险控制为核心，有效将风险控制与审计效能进行一致性统一。

6. 增值性原则

随着现代化的非现场审计的深入研究，如今也提出了增值性这一理念。也就是充分对非现场审计的职能进行有机扩展，对相关管理者的决策进行支持，逐步完善企业流程，科学规避运营风险等。通过这样的一系列方式，实现企业价值的提升。

7. 分层原则

通常情况下，依据非现场审计的一些特征有机制定评价指标，从而凸显出一定的层次性，确保非现场审计工作能够顺利进行。

8. 定量与定性统一原则

非现场审计体系建立时，可以积极将定量与定性评价有机结合起来，充分凸显出效益评价的重要作用。由于在开展非现场审计时，包含多种内容，有的可以量化，有的难以量化。而这些又会对整个项目产生一定的资源耗费。因此，应该积极将一些特殊方法有机运用进来，科学实现估量，并融入衡量体系。

（三）构建寿险公司非现场审计体系的步骤

一般情况下，可以积极依据以下四个步骤有机构建非现场审计体系。比如网络构架及软件开发、非现场审计分析指标确认、相关人员配置与培训。需要注意的是，这四个步骤不分前后顺序，可以依据实际情况进行有机构建，具体步骤如下：

1. 建立非现场审计网络构架体系

通过积极利用防火墙、网络安全技术等有机构建并完善非现场审计网络架构体系。

2. 加速非现场审计软件研发和应用

通常情况下，非现场审计软件既要满足一定的技术要求，同时也要能够达到标准执行这样的两重任务。通过科学利用非现场审计软件，有效开展相应的数字处理基础工作，同时也要展开深入性的分析与评价，有机实现相应的审计工作目标，充分将数据存储、数据处理、审计分析模型有机结合起来。同时积极借鉴国外先进技术，促进非现场审计软件的具体开发。

3. 建立非现场审计指标分析体系

寿险公司可以积极依据非现场审计指标分析体系，利用这样的指标，科学开展分析、判断，有效识别各类风险，并对风险管理能力进行科学衡量与评价，最终有效了解并掌握寿险公司的整体状况，然后科学采用监管措施。通常情况下，这样的指标分析体系的分类，主要是对寿险公司的内外部环境展开风险分类。依据相应的范围区分，可以分为宏观以及微观指标分析体系这两种类型。

4. 建立非现场审计人员的配备、培训体系

为了能够高效率推动非现场审计相关工作的顺利进行，审计人员也要积极主动对自己的知识构造开展持续的拓展与完善。不仅掌握财务会计、审计等基本类知识，同时也要具备一定程度的计算机用户知识。现如今，在我国有关审计人员一般都接受过一些IT基础知识及互联网基础知识等培训，可是只处在初始阶段，例如Excel表、文本编辑、系统操控等。还有一部分审计人员，虽然理解了这种基础知识，但是不可以深层次确立电子计算机解决及其互联网技术间的风险类别、风险管控方式。另外，也不知科学合理运用数据库语言进行一定的审计脚本编写。更不必提联网剖析处理工艺、数据挖掘算法等。而对应的IT技术性人员虽然对这部分内容较了解，但由于他们欠缺一定会计和审计基础知识，不熟悉具体审计的内容以及审计的方法。因而，为了能高效率保证非现场审计的顺利进行，就应当积极主动对审计人员展开深层次的知识学习培训，进而满足非

现场审计的具体项目需求。

寿险公司在进行非现场审计体系构建时，需要明确网络构架体系属于首要建立要素，其他各个步骤不分先后顺序。对于尚未开展非现场审计的寿险公司，可以从某个范围内进行审计试点，然后再逐步扩大相应的非现场审计范围，最终全面推开。

第二节　寿险公司非现场审计体系的构建

一、非现场审计网络构架及审计软件体系

新时代背景下，我国一些规模较大的寿险公司已经积极采取了集中运营管理模式，充分对各种数据进行集中管理，比如，中国平安、中国太保、中国人寿已经积极成立了大型后援基地。而一些小型保险公司可以在运营之前就科学选择集中运营网络管理模式。随着我国寿险公司的网络体系的建立，在进行数据库设置时，可以采用以下两种方式：第一，科学建立集中式数据库管理模式；第二，科学建立总分式数据库管理模式。

（一）非现场审计网络构架

为了能够高效开展非现场审计工作，需要积极明确相应的非现场审计网络的构架内容。积极运用网络构架，有利于非现场审计及时获取相关数字化信息。当前网络背景下，数据一般有以下两种存储方式：第一，存储于数据库中；第二，对操作系统中的文件进行存储。通常情况下，非现场审计可以展现出更全面、精准的数字化信息，并对这些信息进行综合处理，有机得到审计结论和建议。

通常情况下，可以采用以下五个环节表达有机构成非现场审计网络构架：

第一，数据采集可以分为主动式和被动式这两种类型，前者主要是在被审计单位安放相关数据采集软件，然后定期主动到被审计单位及时获取相关数据。后者主要是科学建立非现场数据中心，被审计单位定期将所需数据传到相应的数据中心。

第二，新时代背景下，科学开展数据传输时，首先要积极对相应的传输通道进行科学选择。现阶段主要有专线、电话线、因特网、无线网等。一般情况下，非现场审计部门要积极对相应数据传输通道的安全性进行科学分析，确保该通道具有一定经济性与实用性，同时高效确保工作效率。通常情况下，不同的数据通道对相应的数据传输安全性具有一定程度的影响。假如保密程度相对较高，那么可以采用专线线路进行传输，并适当加密。只是这样的过程相对复杂，成本相对过高。因此，对于一些普通级别的数据，可以通过因特网、无线网加密等基本方式进行数据传输。

第三，需要充分结合被审计单位的实际审计数据信息量的大小，决定数据的存储方式。通常情况下，可以分为以下三个层次。

（1）报表级数据。相对数据量较小，可以直接存储于数据库中。

（2）凭证级数据。由于数据量相对较大，随着我国科技的发展与进步，可以将其

集中存储于数据库中，具有一定的可实施性。

（3）业务级数据。依据我国部分寿险公司的网络覆盖化程度，如今一些业务数据数量过于庞大，难以对这些数据进行数据库中的集中处理，并且对这些数据展开科学分析也具有一定的难度，甚至无法处理。

第四，基于非现场审计网络体系，科学进行数据处理，也就是及时地对相关重点数据进行传递和提取。接着利用相应的非现场审计软件中的指标分析模型，对提取的数据展开科学化分析。通过积极利用不同系统的数据处理流程，及时进行逻辑核对，有机提升数据处理技术水平。通过这样的数据处理流程，审计人员可以及时识别其中的一些问题。

第五，如果在进行数据分析过程中，识别了一些疑点，那么可以积极利用现场或非现场的方式，有机组织审计人员进行复核。

（二）我国寿险公司网络构架现状

如今，我国部分寿险公司已经可以有机建立覆盖全国的网络体系，从而对相应的财务、业务数据进行集中处理，一般情况下具有以下特征。

1. 业务、财务数据实现全公司集中管理

20 世纪 90 年代末之前，在我国绝大多数寿险公司选用分散型运营管理机制，而二级子公司可以独立展开对应的工作流程，总公司对其进行整体操纵，可是力量相对薄弱，以致对应的运营质量无法充分做到具体规范标准。在我国寿险公司早已积极主动采用集中的互联网运营方式，充分完成总公司的一致管理规范化。仅仅每个不一样寿险公司的具体整体集中化管理模式具有一定差异。相对来说，更彻底的做法就是能够对顾客服务数据信息以外的其他全部数据开展集中处理。

2. 前台、后台数据实现相互分离

集中运营管理时，前台业务与后台业务的内容具有一定的差异性。前台业务主要包含柜台、网络、电话、现金等服务内容，对公司的整体服务品质起到了一定的促进作用。而后台业务主要包含一些核保、理赔、契约等内容，更注重强调标准化与专业化。因此，这两者的差异性对数据类型产生了一定程度的影响。

通常情况下，通过积极利用远程沟通平台，可以及时将前台业务数据有机传送到后台作业单位中，然后展开集中处理。经过一系列的数据处理、审核、风险评估等各个流程后，再将最终反馈结果传达给前端业务，有效完成执行任务。由于在这一数据流转过程中，前端业务与后台操作是分离执行的，以至于各个机构可以更优质地展开对客户的面对面服务。由于二者具有一定的内在联系，也可以积极通过后台有机实现资源共享，并反馈到各个分支机构，有利于实现交叉销售，从而不断地优化相应的服务质量，有助于展开符合一定实施标准的专业化服务，切实实现最大效应。

3. 对网络技术及信息化设备高度依赖

根据数字化集中化运营网络模式，寿险公司能够积极主动在一体化的前提下，有机搭建对应的信息规划和监管体系、管理方法体系、运营维护保养体系等。

（三）我国寿险公司非现场审计采集数据模式

寿险公司能有效建立相对性集中的信息运营网络模式，充分对有关会计、业务数据等方面进行集中统一处理，并且也牵涉一些获取数据问题。通常情况下，根据网络空间，在我国寿险公司的非现场读取数据方式一般情况下包括以下几种。

1. 直接连接数据库模式

假如一个总公司囊括了该公司所有的财务、业务数据库，那么可以积极采用数据提取模式，有利于非现场审计人员及时获取相关数据。该模式具有一定的操作便捷性，可是相关人员不能使用后台数据库的修改功能，从而有效确保数据的安全性。

2. 利用非现场审计软件委托分公司操作并下载非现场审计所需数据

尽管有一定的技术缺陷，比如数据库不能全部集中到总公司。但是基于全公司网络覆盖，可以积极采用这种数据采集模式。一般情况下，依据下述流程进行：

（1）对分公司进行非现场审计软件安装。

（2）积极将该软件安装在客户机上，并进行科学配置，保障连接到分公司的业务系统。

（3）将审计脚本分发给分公司，并修改文件以及密码。同时要求非现场审计人员定期定时执行脚本。

（4）将最终执行结果上传至 FTP 服务器。

（5）从 FTP 中获取相关文件，进行验证分析。

（四）非现场审计软件开发

通常情况下，依据寿险公司的具体网络环境以及 IT 硬件基础等，有机对非现场审计软件进行科学安装。以下是相应的软件开发和配置路径。

1. 非现场审计软件的开发前提和应具备功能

非现场审计软件需要能够有机连接到寿险公司的各个系统中，也要具备友善的功能模块，相关人员能够灵活对脚本代码进行灵活定义。有助于非现场审计人员及时对相应的数据进行采集。另外，也应该具有简单的数据分析功能。

（1）非现场审计软件的开发

为了确保非现场审计软件的效率以及安全性，可以积极从以下两个方面展开开发分析。首先要具有强大的数据采集与处理能力；其次能够及时对各个脚本展开安全检查。比如功能模块，需要得到安全检查后才能使用。非现场审计软件安装时，一般可以安装在相应的 IT 运营中心，并由相关人员进行统一协调管理。

（2）非现场审计软件的功能

①链接功能

非现场能够直接连接公司主要的业务系统，连接信息直接存放在非现场审计软件的配置信息中。这部分信息由计算机管理员进行配置和测试。配置信息保密存放。

②脚本编辑功能

非现场审计人员直接撰写的脚本或非现场审计人员提出需求由 IT 人员撰写的脚本由指定人员上载到系统中。非现场审计软件以列表方式显示上述上载的功能脚本（功能模块也以列表的方式加以显示，不过是由运营中心的计算机管理员上载）。

一般审计人员登录（由用户名和密码进行控制）非现场审计系统后，选择执行的脚本和功能模块，再填写执行的日期和时间。到规定的日期和时间后，上述所选的脚本和功能模块被触发执行，执行完毕，将所采集的数据存放到指定服务器的指定目录中；根据需要，有权限的审计人员可以将上述采集好的数据导入本机，以便进一步分析；为了检验上载脚本的正确性，非现场审计软件还应该具备这样的功能界面，允许指定人员（可以是审计人员，也可以是计算机人员）对所撰写的脚本进行测试。

2. 非现场审计软件的开发思路

随着时代的发展与进步，大部分寿险公司基本已经实现了全国网络覆盖，因此也对非现场审计的实时性进行了有效的保障，而硬件系统的功能强大，也能够充分适应非现场审计系统的具体运行需求。

（1）软件登录模块

一般情况下，非现场审计软件启动后，可以呈现出三种登录界面：第一种，系统管理员；第二种，非现场审计人员；第三种，数据采集员。不同的登录身份具有不同的相应权限。

（2）配置连接模块

通常情况下，非现场审计软件首先要经过配置与连接，其后对审计脚本进行有机运行，从而充分对相应的业务、财务、佣金等进行数据采集。

（3）非现场审计脚本的编制、测试模块

审计脚本编制是非现场审计的核心。脚本编制是审计人员的经验与计算机技术的结合，系统化“非现场审计脚本体系”可以帮助非现场审计人员及时发现企业经营中存在的问题。不同系统、不同数据库的数据采集脚本的编制方式基本类似。其中应特别注意非现场审计脚本编制后必须进行测试后才可投入到实际运作中。

二、非现场审计指标分析体系

20 世纪 90 年代末期以来，尤其 90 年代末期亚洲金融危机及 21 世纪起源于美国次级贷危机的世界金融风暴，世界范围内的寿险公司面对的风险呈现多样化态势。寿险公司遭受的损失并非由单一风险造成，而是由包括财务风险、业务风险、管理风险等多种风险共同引起。将寿险公司各个业务流程所面临的各类风险纳入非现场审计技术指标分析体系，并按统一标准进行测量、汇总、控制与管理显得尤为迫切。

通过制定非现场审计指标分析体系，寿险公司可以在利用技术分析指标的基础上判断、发现寿险公司的各类风险状况，并对风险管理能力进行综合分析、评价。最终实现协助公司决策层掌握寿险公司的整体状况，进而据此采取有针对性的监管措施。

（一）非现场审计指标分析体系分类

通常情况下，依据寿险公司所面临的环境风险状况，可以及时将相应的非现场审计指标分析体系有机划分为宏观、微观指标分析体系两种类型。

1. 宏观指标分析体系

一般来说，宏观经济指标分析体系主要是对企业展开系统化风险监管。而且都是基于保单整体基础上。例如，积极主动根据对业务分析指标、资产负债率分析指标、投资资产风险等方面进行积极主动的指标分析，能够各自合理确立企业的现金流、动态性资本充足率、抗风险技术等，随后开展合理评定。为了能够科学合理搭建宏观经济指标分析体系，必须主动创建很多综合分析实体模型以及展开一些额外测算等。

2. 外部经济指标分析体系

外部经济指标分析体系主要是对企业的具体运营情况开展风险监管。一般来说，需要和具体保单具有一定的相互关系。根据对具体保单业务过程开展专业化分析，确立该企业所应对的各类风险。例如，能够通过数据分析，及时对其中的保险投保、保护、赔付等一系列问题展开专业化的分析及监管，并督促有关部门及时改正。

（二）非现场审计宏观指标分析体系

通常情况下，依据寿险公司面对的具体风险类型，可以积极将相应的宏观指标分析体系有机划分为财务类、业务类、管理类三大类型。而这些具体化的分析指标又可以科学展开定性与定量区分。比如通过定量，可以及时对被审计单位实际经营状况进行客观、准确地解释。通常情况下，需要运用具体的公式展开分析。定性，主要是从本质这方面来对被审计单位的具体经营状况展开本质揭露。通常情况下不用采取具体公式。

下文主要是以业务类风险分析指标为例，有机介绍相应的宏观指标分析体系在寿险公司的实际运用路径分析。

1. 财务类风险分析指标

根据保险中介公司面对的各种各样风险，充分展开财务类风险分析指标。根据具体的风险种类，能够有机划分成如下所示剖析指标：偿付能力、资产负债率、盈利能力、运营稳定风险指标。实际指标分析如下。

（1）偿付能力风险指标

保险中介公司偿付能力实际上是该企业能够承担经济补偿金能力，也就是偿付负债能力。假如不能有效偿付，可能产生资金链断裂等风险。一般情况下，分成下列两种指标种类。

①偿付能力额度指标：

偿付能力额度 = 实际资产－实际负债公式

依据我国《保险法》以及《保险管理暂行规定》，保险公司应该具有最低偿付能力。假如在进行实际偿付时，相应额度低于最低偿付能力额度，那么保险公司需要科学采用一系列措施，以机将偿付能力提升至最低额度标准，并对银保监会进行有效解释与说明。如果实际偿付能力额度低于最低额度的 50% 或者连续三年低于最低偿付额度时，我国银保监会把该公司视为核心监管对象。如果实际偿付额度低于最低额度的 30% 时，保险公司的财务状况还是持续恶化，那么就会对被保险人以及我国社会公众的整体利益造成不同程度的危机与损坏，我国银保监会需要积极对该公司实行严格监管。

寿险公司应该积极制定相应额度指标。依据一系列方法，实施有效监控，明确具体变动情况，及时预警。

②偿付能力系数指标：

偿付能力系数 = 自留保费 /（资本金 + 公积金）

通常情况下，如果指标数值越大，那么承担风险也就越多。各个寿险公司应该依据自身真实情况，有机制定相应指标。

（2）资产负债风险指标

为了能够高效管理资产，充分实现价值最大化，并科学实现保值增值，那么寿险公司在进行负债管理时，要积极对相应的负债方项目进行有机调整，充分实现最佳组合。通常情况下，该公司的资产与负债结构应当匹配。如果能很好地匹配，那么盈利能力将有效提升。假若不能良好匹配，那么盈利能力将下降，偿付能力会出现一定弱化现象。在进行资产负债管控时，需要积极地将资产与负债有机联系起来，始终坚持资产与负债的动态匹配。

①资产类风险指标

通常情况下，资产类风险指标主要是对寿险公司的资产的安全性以及具体风险状况进行科学评价。通常情况下，可以有机划分为以下六种指标：

1）资产认可率指标：

资产认可率 = 资产净认可价值 / 资产账面价值 ×100%

通常情况下，可以积极利用该指标对寿险公司的具体资产风险状况进行科学化评估。通常情况下，该数值应该大于或等于 85%。

2）不良资产比率指标：

不良资产比率 = 不良资产余额 / 总资产余额 ×100%

通常情况下，该指标主要是对寿险公司总资产的质量进行有效监控。具体预警值应该结合寿险公司的真实运营状况，并参考管理层的相关战略目标进行制定。

3）固定资产比例指标：

固定资产比例 = 固定资产净值 / 所有者权益

通常情况下，寿险公司面临的固定资产变现能力相对较弱，而承担的各项风险损失相对较大，因此，需要按照一定的科学标准，积极对下辖机构固定资产进行有效控制，避免过度扩张。

4）资产组合变化率指标：

资产组合变化率 = 现金和投资资产项目净认可价值的占比变动的绝对值之和 / 现金和投资资产总额 ×100%

现金和投资资产中各项目净认可价值的占比变动的绝对值之和 = Σ（某资产项目的本年净认可价值 / 现金和投资资产本年价值－某资产项目的上年净认可价值 / 现金和投资资产上年价值）。

该指标的关键在于人寿保险公司是否有效应用人寿保险资产。通常情况下，能通过资产组合构造来进行合理的凸显。从会计视角出发，公司应该保持会计的稳定。对应的资产组合构造应当操纵在一定的变化范围之内，不可变化太大。从公司的偿还视角出发，资产组合变化可以对于该公司具体的资产盈利安全度导致一定程度的危害，进而导致该公司的资本充足率有一定的变化。通常情况下，资产组合变化率能有效解读为各类项目投资资产组合构造的变化率。若该变化率指标值比较大，那就说明投资建议存在一定更改。根据积极主动对此项指标变化进行合理关系，能够及时确立公司是否具备资本充足率，与此同时有益于高管科学合理展开数据化管理。通常情况下，指标一般要低于 5%。

5）最大单一机构投资比率指标：

最大单一机构投资比率 =max（单一机构投资平均余额，关联机构投资平均余额）/ 资金运用平均余额 ×100%

单一机构投资平均余额 =（年初对单一机构的投资余额与年中各季末对该机构的投资余额之和）/5

关联机构投资平均余额 =（年初对关联机构的投资余额合计与年中各季末的对关联机构的投资余额合计之和）/5

资金运用平均余额 =（年初资金运用余额与年中各季末的资金运用余额之和）/5

通过这项指标，可以及时对寿险公司的投资应用广度进行有效监控，避免投资面较窄等风险的发生。假如寿险公司允许子公司具有投资管理权，那么非现场审计部门可以积极依据该项指标对相应的资产安全进行实时监控。

6）投资品种风险指标：

通过这项定性分析指标，可以及时对寿险公司的具体投资集中程度进行有效监控。比如国债、金融债、企业债、次级债等。

通常情况下，非现场审计部门可以及时将相应的投资占比情况、信用状况、担保状况、投资组合状况与精算部门有机联合起来，充分开展监控工作。

②负债风险类指标

负债风险类指标其实也就是积极对寿险公司的各项风险进行有效监控。通常情况下，可以分为以下四类指标。

1）险种组合变化率指标：

险种组合变化率 = 各类险种保费收入的占比变动的绝对值之和 / 险种类别数 ×100%

各类险种保费收入的占比变动的绝对值之和 = Σ（某类险种的本年保费收入 / 所有险种的本年保费收入之和－某类险种的上年保费收入 / 所有险种的上年保费收入之和）

2）准备金计提指标：

通过这项定性分析指标，可以明确寿险公司下辖机构是否依据相关要求计提准备金以及是否采用科学手法计提额外准备金。

3）准备金变化率指标：

准备金变化率 =（本年准备金提转差 - 上年准备金提转差）/（本年保费收入 - 上年保费收入）×100%

通过积极对历史平均数据进行科学化的对比与分析，如果该项指标较高，那么应该积极审视相关资产类指标是否能够匹配。

4）盈余缓解率指标：

盈余缓解率 =（摊回分保费用 - 分保费用支出）/（认可资产 - 认可负债）×100%

通常情况下，应该将本指标有效范围控制在 -25% ～ 25%。

③资产负债匹配类分析指标

通过积极对寿险公司的资产负债进行科学化的对比与分析，有效对相应的资产质量和风险进行科学评价，有机凸显出资产负债匹配类指标。通常情况下，可以分为以下两类指标。

1）资产负债率指标：

资产负债率 = 负债总额 / 资产总额

寿险公司在开展经营活动时，可以适度负债，从而有机确定资产负债率的临界值。通常情况下，过低的资产负债率，说明没有充分利用公司的资产。而过高负债率，表明公司存在一定偿付危机。在进行该项指标时，应该积极依据相应的标准值有机合理设置相应的指标。

2）资产负债持有期缺口率指标：

资产负债持有期缺口率 =（资产平均持有期 - 负债平均持有期）/ 负债平均持有期 ×100%

平均持有期 = $\Sigma X_i \times D_i$

指标释义：X_i 为某项资产、负债账面价值占总资产、负债账面价值的比重；D_i 为该项资产、负债的持有期或继续期。

3）盈利能力风险类指标

a. 净收入占比指标

净收入与总收入之比 = 营业净收入 / 总收入

通常情况下，该项指标的临界值应该大于零。如果小于零，说明没有利润，属于负债，经营处于亏损状态。

b. 投资收益指标

投资收益率 = 净投资收益 / 资金运用各月末平均数

通常情况下，该项指标可以对公司的实际收益情况进行有机反映。数值越大，代表企业收益能力越大。通常情况下，该指标的临界值应该大于同期银行存期利率。

c. 投资收益充足率指标

投资收益充足率 = 资金运用净收益 / 有效寿险和长期健康险业务准备金要求的投资收益 ×100%

有效寿险和长期健康险业务准备金要求的投资收益 = Σ（不同评估利率的有效寿险和长期健康险的期末责任准备金 × 相应的评估利率）

通常情况下，该项指标应该处于相关经验值的正常范围内，一般情况为125% ～ 900%。

d. 投资收入充分比指标

投资收入充分比 = 净投资收益 / 利息支出

通常情况下，该项指标可以对公司的实际投资收益与准备金的利息要求进行满足与否的对比分析。通常属于公司盈利的一项重要指标。依据相应的行业经验标准，如果该值低于125%，说明不能充分满足所要求的利息。如果大于900%，说明相应的计算有误，需要重新计算。

e. 资金运用收益率指标

资金运用收益率 = 实现收益 / 资金运用平均余额 ×100%

资金运用平均余额 =（年初资金运用余额与年中各季末的资金运用余额之和）/5

4）经营稳健风险类指标

a. 盈利调剂比率指标

盈利调剂比率 =（再保佣金 + 费用津贴）/（资本 + 盈余）

通常情况下，该项指标属于有机降低承保风险的有效措施之一。通过利用该项指标，可以有机对寿险公司的再保险程度进行科学衡量。

b. 资本和盈余总变化率指标

资本和盈余的总变化率 =（当年资本和盈余－上年资本和盈余）/ 上年资本和盈余

通常情况下，该项指标可以对寿险公司的财务状况进行有效反映。同时，也可以对相应的财务状况的具体变化进行科学衡量。如果出现正值，则表现为增长；如果出现负值，则表现为减少。寿险公司可以积极依据这样的指标范围，对相应的现象、原因进行科学分析，并明确相应的发展趋势。

2. 业务类风险分析指标

（1）业务成果类分析指标

①每元保费现金净流量指标

每元保费现金净流量 = 经营活动产生的现金流量净额 / 保费收入

②承保费用率指标

承保费用率 =（营业费用 + 手续费支出 + 佣金支出 + 分保费用支出 − 摊回分保费用）/ 本期自留保费 ×100%

自留保费 = 保费收入 + 分保费收入 − 分出保费

③短期险赔付率指标

短期险赔付率 =（赔款支出 + 未决赔款准备金提转差 + 分保赔款支出－摊回赔款支出－追偿款收入）/（本期自留保费－本期未到期责任准备金提转差）×100%

（2）日常经营性分析指标

通常情况下，该项指标主要包括收入类、支出类、营销管理类、结构类。寿险公司可以积极依据这些指标，及时开展定量分析。

①收入类分析指标

收入类分析指标，也就是基于同样的状况下，对不同时期的各项保费收入情况进行科学化的对比分析，从而明确公司的发展实情。通常情况下可以分为以下三类：

②保费收入增长率指标：

某险类保费增长率 = 某险类本年累计保费收入 − 某险类上年同保费收入 / 某险类上年同保费收入 ×100%

通常情况下，该项指标具有不同的分类口径。例如，可以依据保险责任、产品类型、承保方式等进行相应的保险划分。

③新单保费增长率指标：

某险（类）新单保费增长率 = 某险（类）本年累计新单保费－某险（类）上年同期新单保费 / 某险（类）上年同期新单保费 ×100%

通常情况下，该项指标对应不同的分类口径。如果按保险责任，可以分为人寿保险、健康险、意创伤害险等。如果按照产品类型，可以分为传统产品、分红产品、万能产品等。而“新单”口径与公司业务统计表中的新单口径一致。

④标准保费增长率指标：

标准保费增长率 = 本年累计标准保费－上年同期标准保费 / 上年同期标准保费 ×100%

通常情况下，该指标具有一定的现实意义。非现场审计部门可以积极对这项指标进行有机监控，从而充分对相应的业务达成情况进行科学化的判断与分析，明确是否能够有机迎合寿险公司的实际战略要求。

⑤支出类分析指标

支出类分析指标其实也就是对各种支付类型进行科学化的分析，明确企业内部管理风险。通常情况下，可以分为以下五类：

a. 给付类变化率指标：

某类给付变化率 =（某险（类）本年累计给付－某险（类）上年同期给付）/ 某险（类）上年同期给付 ×100%

通常情况下，这类指标主要指的是寿险公司所能给付类的五大类型。比如死伤医疗、给付年金、给付退保金等。其中“死伤医疗给付变化率”，一般情况下可以依据保险责任进行划分。“满期给付变化率”一般情况下是依据承保方式进行划分。“年金给付变化率”主要依据承保方式进行划分。“赔偿支出变化率”主要依据保险责任进行划分。“退保金变化率”主要依据保险责任进行划分。

现场审计部门可以积极对上述各类指标进行实时监控，有效规避各种风险。如果发现存在退保金变化率异常，那么该审计部门可以积极对相应的退保环节以及各类风险进行有机连带处理。

b. 短期险简单赔付率指标：

短期险简单赔付率 =（短期险本年累计赔款支出 + 未决赔款准备金提转差）/ 短期本年累计收入 ×100%

通常情况下，寿险公司可以积极依据这项指标，将短期险划分为短期意外险以及短期健康险这两种类型。

简单退保率指标：

某险（类）简单退保率 = 某险（类）本年累计退保金 / 某险（类）本年累计保费收入 ×100%

通常情况下，这些指标可以有机依据保险责任划分为人寿保险、长期健康险等。如果积极按照产品类型进行有效划分，还可以分为传统产品、分红产品、投资连接产品、万能产品等。

c. 退保率指标：

退保率 = 退保金 /（上年末长期责任准备金 + 本年长期险保费收入）×100%

通常情况下，可以积极依据利润表的对应项目确定退保金数额。同时，还可以积极依据资产负债表有机确定长期险责任准备金。而这一准备金通常情况下是寿险以及长期健康险相应的责任准备金之和。通过依据保费收入的明细展开分析计算，有机确定长期险保费收入。通常情况下，该指标应该处于小于 5% 这样的正常范围以内。

d. 综合费用率指标：

综合费用率 = 本年综合费用 / 本年保费收入 ×100%

综合费用 = 营业费用 + 手续费支出 + 佣金支出 + 营业税金及附加 + 提取保险保障基金 +

分保费用支出 - 摊回分保费用

⑥销售管理类指标

销售管理类指标可分为以下三类：

a. 营销员持证率指标：

营销员持证率 = 期末持证营销员人数 / 期末营销员人数 ×100%

b. 营销员人均标准保费指标：

营销员人均标保 = 当期个人代理业务标准保费 /（期初营销员总数期 + 末营销员总数）/2

c. 营销员人均佣金指标：

营销员人均佣金 = 佣金支出 /（期初营销员总数 + 期末营销员总数）

⑦业务结构类指标

业务结构类指标可分为以下两类：

a. 新单保费比率指标：

新单保费比率 = 本年累计新单保费 / 本年累计保费收入 ×100%

b. 长期险新单保费期缴率指标：

长期险新单保费期缴率 = 本年累计长期险新单期缴保费收入 / 本年累计长期险新单保费收入 ×100%

通常情况下，该项指标主要指的是寿险公司的长期险，通常指一年以上的健康险、意创伤害保险、人寿保险等。

3. 管理风险类分析指标

通常情况下，可以积极对寿险公司的各项法人机构风险进行科学评估，有机生成相应的管理风险类分析指标。比如合规风险、法律风险、非机构管理风险等。

（1）合规风险分析指标

通常情况下，可以积极展开相应的综合评估，充分发挥出该指标的定性类分析特征。

通常情况下，包括寿险公司在审计期间被依法追究刑事责任次数、予以撤换责任次数、限制业务范围、停止接受新业务、吊销经营许可证、被处罚次数、收到 10 万元以上罚款次数、收到 10 万元以下罚款次数、警告次数、没收违法所得、没收非法财物、责令退回收保费、财产处罚次数、通报批评次数、谈话次数等。

（2）投诉类分析指标

投诉指数 =（投诉件数 / 总投诉件数）/（保费收入 / 总保费收入）×100%

（3）法律风险分析指标

通常情况下，该项指标可以对寿险公司下辖机构的实际诉讼情况以及对公司的实际影响作用进行科学监控，属于一项定性类分析指标。而相关重要数据可以从银保监会等处获取。依据法律诉讼案件对寿险公司的实际影响进行科学分析，如果案件数相对更多，那么成功率相对更低，并且对公司的负面影响相对更大。

（三）非现场审计微观指标分析体系

通过积极利用非现场审计微观指标分析体系，可以有效对相应的寿险公司的一系列监管过程中的具体问题展开有效的分析与探究。如果发现存在相应的问题，有关单位和部门需要及时纠正，充分发挥出一定督促作用。

1. 非现场审计微观指标分析体系的分类

寿险公司具体到保单的运营业务大体可以分为财务、核保、理赔、保全四大环节。一般而言，寿险公司非现场审计微观指标分析体系也是根据这四大环节进行区分，其中：

财务指标类：实时监控寿险公司具体到保单的保费进出环节的资金流转安全性、各类保单业务的会计账务处理正确性、各类准备金计提准确性等。

保全指标类：保全总体而言是保户购买保险之后，由于身体情况的变化、经济状况的变化等许多因素都会导致客户投保意愿的改变，或客观上需要更改保单内容，寿险公司为了满足客户不断变化的需求，以维持保单的持续有效，就必须提供各种服务，即通常所说的售后服务。一般保全的范围仅指围绕保单契约变更、年金或满期金给付等服务项目而开展的工作。非现场审计的微观保全分析指标应重点关注保单合同是否完整或是否完全。

核保指标类：寿险核保是指保险人对投保人和被保险人的身体状况、职业、经济能力、投保动机等因素做危险程度的审计期间，决定是否承保及确定适当承保条件的过程和方法，又称“危险选择”，俗称“核保”。寿险核保的目的必须有利于寿险公司避免市场风险、有利于寿险公司永续经营。非现场审计的微观核保分析指标应重点关注被审计单位具体到保单的核保流程是否合规、核保尺度是否严格等。

理赔指标类：寿险理赔是保险人对可能导致保险责任的人身保险合同约定事故进行核定并做出相应处理的行为。理赔是有理由的赔付，是保单的被保险人或受益人获得人身险保障和实现其保险权益的必经途径，是保险人履行保险合同义务的具体体现，同时也体现了寿险公司经营的品质。非现场审计的微观理赔分析指标应重点关注被审计单位具体保单的理赔金是否计算准确、理赔责任是否合理、报案期间是否合格等。

2. 非现场审计微观指标分析体系的运用思路

一般情况下，非现场审计人员需要积极对寿险公司的一系列业务环节展开科学化的风险分析，同时依据相应的审计经验，能够对各个环节中有可能发生的风险进行不同审计脚本的编制。经过安全测试后，才能够在非现场审计软件中进行科学运用。

通常情况下，审计脚本的编制提纲可以参考如下内容。

（1）财务问题脚本类

①“客户资金未匹配保险单信息违反规定业务流程”审计脚本

脚本释义：通常情况下，客户资金一定要和保险中介公司业务管理系统里的保险单信息相匹配。假如作业人员出现了操作失误或者是对内部结构数据信息进行调整，进而相对应的思路相互关系发生了一定程度的更改，这个时候很容易发生侵吞客户资金的风险。因而，对应的非现场审计工作人员在开展撰写脚本时，应该及时对审计原始记录展开搜索，进一步明确存不存在违规个人行为。

②“侵吞客户余额资金违反规定业务流程”审计脚本

通常情况下，客户余额资金理应应用于自己或是法定受益人，不能随便侵吞。有关非现场审计工作人员在开展脚本编写时，也要高度重视对应的余额转账，是否满足业务流程要求。

③“客户资金进账信息与保险单起效信息逻辑错误违反规定业务流程”审计脚本

通常情况下，保险中介公司在开展工作流程时，需要明确客户资金进账时间应当先于保险单起效阶段，但是也存在一些对相关数据进行调整的举动，可能会导致两个日期不相一致的情况。因而要求有关非现场审计工作人员在开展脚本撰写时，能够积极主动对此类业务流程是不是违反规定进行系统分辨。

④“未决赔款准备金计提有误违反规定业务流程”审计脚本

通常情况下，非现场审计工作人员能够积极主动根据保险中介公司及其中国银保监会对应的风险准备金要求，展开科学合理分辨，并立即编写对应的脚本信息，有机确立相互之间的逻辑顺序。

⑤“保费业务险种信息与入账信息不一致违规业务”审计脚本

通常情况下，寿险公司业务系统与财务系统内的保单信息应该具有一致性，否则容易导致资金挪用风险。

（2）保全问题脚本类

①通常情况下，保全问题基本分为以下类型：理赔违规情况、退保违规情况、身份证姓名变更后理赔、身份证姓名变更后退保等违规业务等。

非现场审计人员应该积极依据相应的保全制度有机编制脚本，并且科学开展核查工作。

②“随意开展保险期限改动违规业务”审计脚本

一般来说，假如受益人自己明确提出修改保险期限申请，那可以及时改动。没经批准的一系列改动业务都是属于违规操作。

③“超出某月逾期保险单复效违规业务”审计脚本

一般来说，根据我国《保险法》，车险公司对对应的保险单复效期展开了有机要求，假如超过该规定，归属于违反规定业务。有关非现场审计工作人员能够积极主动根据对应的保护规章制度立即撰写脚本，并展开深层次核查。

④“停招保险险种添加受益人违规业务”审计脚本

一般来说，根据保险中介公司的一些停招保险险种明细，有机调研这种违规保护业务，并科学开展脚本编写，深层次展开进一步核查。

⑤“未经许可的变通退保保险违规业务”审计脚本

非现场审计工作人员能够积极主动撰写脚本，积极主动核查对应的变通退保保险单信息内容，科学确立是不是通过审核，并展开深层次的核查。

⑥“违规改动保险单顾客余额违规业务”审计脚本

一般来说，保险单账户余额会牵涉一系列会计统计数据的变化规律。因而，非现场审计工作人员在开展脚本撰写时，能够主动对类似业务开展科学核查，并确定是否产生违规操作行为。

（3）核保问题脚本类：

①“高危人员违规承保保单违规业务流程”审计脚本

非现场审计工作人员能够积极进行脚本编写，进一步核查有关初始保单记录。

②“团体保险承保被保险人低于要求人数违规业务流程”审计脚本

根据我国《保险法》的有关规定，需要进行团体保单承保，必须超过一定的人数。因为不同车险公司中规定的人数具有一定差异，一般来说都具有一个最少人数规定。

非现场审计工作人员能够积极进行脚本编写，并展开深层次的审查。

③“保单审批通过日期是收费标准以前、保单起效日期是缴费日期前、投保单审批日期是购买保险日期前等违规业务流程”审计脚本

一般来说，非现场审计工作人员能够积极进行脚本编写。

（4）理赔问题脚本类

①“保单保险理赔日期没有在义务范围之内理赔的违规业务”审计脚本

假如具体保单保险理赔日期不属于对应的保险单义务范围之内，那样可以不用开展理赔个人行为。非现场审计工作人员能够积极进行脚本编写，并且对类似业务开展科学核查，有机分辨领导阶层存不存在舞弊行为或是变通赔偿款行为等。

②“投保单与保险单主信息内容不一致并产生理赔的违规业务”审计脚本

一般来说，如果对于相关数据开展违规改动或操作，那样容易引起这种问题。非现场审计工作人员在开展脚本编写时，能够主动对相近业务开展科学核查，判断是否存在违规操作行为。

③“理赔义务超期是保险单保险投保日期前违规业务”审计脚本

一般来说，一旦被审计企业通过一系列方式对对应的后台系统各种数据进行调整或仿冒等，都容易引起这种状况。非现场审计工作人员应当积极进行脚本编写，同时还要核查类似业务，科学深层次确定是否同样存在这种违反规定违规操作行为。

④“保单理赔实收数额与应收金额不一致违规业务”审计脚本

现如今，一些被审计组织常常会出现自用理赔款或是虚报理赔等一系列违法行为。因而，对应的非现场审计工作人员在开展脚本编写时，必须积极主动对相近业务开展科学搜索，进一步明确存不存在违规操作行为。

⑤“保单理赔支付并没有相匹配收费标准记录违规业务”审计脚本

非现场审计工作人员在开展脚本编写时，必须积极主动查看类似业务，并有机展开深层次的分析和研究，确立究竟存不存在这种违反规定操作行为。

三、非现场审计人员配置及培训体系

经过复业以后多年的高速发展，我国寿险公司无论是在业务规模或资产实力等方面均取得了举世瞩目的发展。但在内部管理方面尤其是非现场审计领域方面发展较为较慢，其中主要原因在于我国寿险公司非现场审计专业人员十分匮乏。为适应新的内外部环境，更为取得进一步发展，我国寿险公司对于配置和培养具备熟悉 IT 网络知识、熟悉审计知识、有相当的数据分析能力和安全方面的知识的非现场审计队伍显得十分迫切。

非现场审计人员必须充分了解非现场网络构架体系中的网络构架、IT 设备、数据库系统、各类处理系统软件及非现场审计软件；必须能够熟练运用非现场审计技术指标分析体系。

寿险公司应根据非现场审计开展的业务量及人员能力合理配备高效的非现场审计人员。应根据寿险公司网络系统的特点、业务流程的变更、审计软件的开发、审计指标的运用合理等方面有效开展非现场审计人员的培训工作。使非现场审计人员在高效配备、充分培训的前提下开展非现场审计工作。

（一）非现场审计人员配置

非现场审计人员的综合素质，对我国非现场审计工作的顺利运行，具有重要的意义与价值。非现场审计工作主要是依据网络构架以及相应的软件技术等，充分对相关的一系列业务数据进行积极地分析、整合与处理，从而有效地对被审计单位科学展开风险审计。为了高效实现以上工作目的，非现场审计人员既要掌握足够的审计基础理论知识，同时还需要储备一些 IT 知识、数据处理、知识管理技术等，从而有效明确被审计单位可能出现的各项风险环节，并在电子数据中科学凸显出来。因此，为了能够确保我国寿险公司的工作效率和质量，应该积极依据寿险公司的实际发展情形，高效配置具有优质专业水平的非现场审计人员队伍，并且要保证他们具有一定的专业水平技能，并具有较高品质素养。

1. 工作量预算配置法

工作量预算配置法：通过积极将相应的审计工作总量，除以每一名工作人员一年实际工作天数，从而得到相应的审计人员数量。

2. 非现场审计人员配置影响因素

通常情况下，具体的人员配置与审计具体任务具有一定的内在联系性。通常情况下，主要有以下三个重要影响要素。

（1）寿险公司机构和业务规模的变化

通常情况下，非现场审计工作的广度和深度的具体要求与寿险公司的规模以及数量具有一定的内在联系，一般会随着相应机构的增多、规模扩大产生更高的实际要求。而与之相匹配的相应审计人员数量也应该越多，因此可以发现二者其实属于一种正相关关系。

（2）对下辖机构非现场审计频率

通常情况下，如果相应的审计工作频率越高，那么所需要的审计人数就应该越多，两者属于正相关关系。

（3）非现场审计网络和软件配置程度

通常情况下，非现场审计的互联网及其软件配置和相关审计人员的具体劳动生产率具备密切的关系。假如审计每日任务量，组合更有效的设备以及更先进的网络结构软件，那样有关非现场审计数量也会发生明显下降，所以可以发现这二者属于一种负相关关系。

3. 非现场审计人力结构配置

寿险公司应根据不同非现场审计项目规划，合理搭配非现场审计人员的组成结构。当前寿险公司非现场审计人员大多由原先传统审计人员转型而来，业务重点和强项多集中在财务、业务等方面。基于此种情况，寿险公司应重点配置内控、IT、投资管理等严重缺乏的非现场审计人员，并通过培训努力加强财务、业务等已有人员的素质提高。

（二）非现场审计人员培训

非现场审计部门应该积极对相关的人员展开专业化的培训工作。基于公司以及部门层面上的具体职业需求，可以发现，科学对相应员工展开系统化的专业培训具有非常重要的意义与价值。如果缺乏必要培训，非现场审计人员在进行具体工作中，可能会出现不会运用审计软件、不懂审计指标、不了解法律法规等，以致于相应的业务水平受到一定程度的负面影响。总而言之，积极开展定期培训有以下几个方面。

1. 审计业务培训

通过积极对非现场审计人员进行新型审计理念培训，帮助他们逐步掌握科学化的审计方法，从而适应具体的审计工作模式，充分促进审计工作的顺利进行。

2. 网络及软件应用培训

在进行业务培训时，既要培训基础性的 IT 知识，也要注重对非现场审计人员展开数据库运用、网络构建、审计软件、脚本编写等一系列内容培训。

3. 法律法规及公司相关制度培训

非现场审计单位应当积极主动对对应的审计、保险中介公司规章制度、会计、相关法律法规等展开科学的按时培训，协助对应的非现场审计工作人员可以更好地懂法、知法、遵纪守法，根据企业的地方政策要求对自己的审计个人行为进行全面的管束与完善。根据审计的主要目标，进行升级、扩大数据库系统等，立即对非现场审计工作人员展开高效率法律法规知识培训，同时还要积极主动对所审计企业展开审计监督检查工作。

为了保证培训实际效果，可以依照以下关键点：第一，科学要求培训时长，有机创建沟通交流规章制度；第二，充分展开入岗资质培训以及后续培训；第三，有机健全培训考核机制。

四、非现场审计体系的完善对策

面对目前阶段我国寿险公司所面临的各种审计问题，应该积极采取科学化的措施，展开不断的优化与完善，从而有机避免各类金融风险，切实推动我国寿险公司的长期稳定运营发展。

（一）非现场审计体系完善的首要基础是取得公司决策层及公司经营层有效支持

通常情况下，寿险公司的管理层以及决策层会对非现场审计体系的成功搭建具有一定的影响。由于非现场审计体系的搭建，对公司的各个部门以及各个岗位都具有一定的影响，因此，在进行相应的体系搭建时，要将这样的体系搭建目标与公司战略目标有机结合起来，保障具有一致性，有利于建立与完善进行持续性支持。

（二）尽快整合寿险公司内部网络数据并研发高效的非现场审计软件

新时代背景下，为了充分保障非现场审计工作的效率和质量，非现场审计部门首先要积极依据我国寿险公司的网络真实环境，充分联合相应的财务部门、业务部门、IT部门等，围绕非现场审计软件，积极对其中的各项操作系统、数据库资源等进行有机分析与整合。其次，依据一系列原则和步骤，科学构建相应的非现场审计数据采集通道。严格依据以下流程，鼓励相应的非现场审计人员积极参与软件开发，从而高效保障该软件具有一定开放性以及通用性。一般来说，以实际非现场财务审计要求为导向，科学展开非现场手机软件开发时，应当确保对应的研发人员具备一定的财务审计专业知识及其IT专业知识，归属于高品质专业综合优秀人才，同时还要经过对研究过程开展系统化审核及论述，保证此软件具有一定安全性和兼容性。对已经开发成型的非现场审计软件，首先进行全面的模拟考试。根据连接数据安全性有机开展各类实际操作。应注意的是，对发布前系统软件展开模拟考试时，必须对有关作业人员展开专业化手机软件应用学习培训。若该审计软件已经上线，那么也应当积极主动建立相应的维护成本管理体系，并确保这一保护管理体系具有一定的健全性。

（三）完善非现场审计指标体系建设

一般来说，寿险公司非现场审计指标分析体系搭建时，必须充分根据企业内部的各类风险性制定。同时还要积极主动遵循一些标准。例如多样性、创新性、抽象性等，充分展开对应的指标管理体系制定，可以有效遮盖寿险公司内部全部等级，并且可以高效率展开灵活运用。如果是一些实际上的某种指标，那么对应的非现场审计单位应当积极主动根据寿险公司的真实运营情况，融合对应的管理方法发展规划，确立该实际指标的一些评判尺寸，充分确立此项指标的实际监控范围，进而展开高效率评判。

（四）配备高素质非现场审计人员并做好持续培训工作

在进行非现场审计人员配置时，需要明确相关的人员配置数量，应该依据具体的项目预算以及银保监会的实际需求来展开有效合理配置。具体实践过程中，需要积极依据不同的寿险公司的具体规模大小、不同层次要求以及实际运营状况等，综合采用一系列配置原则，有效保障高效开展人员配置。比如定岗、定责、定编等。同时还可以积极对相应的非现场审计人员的知识结构进行不断的优化与完善，并凸显出相应的专业结构特征。经过一系列发展，逐步形成具有优质素养的复合型专业人才队伍。由于我国寿险公司在进行相应的人力组合配置时，需要积极开展具有专业水准的技能培训。因此，我国寿险公司应该积极对刚转进来的人员展开新技术培训，帮助他们逐步掌握新的审计方法。其次，对于一些相应的IT网络、风险分析等专业人员，要积极对他们进行相应的财务知识、会计知识以及审计业务技能等综合性的培训，科学培育出优质专业非现场审计人才，有效实现我国非现场审计人员“一专多能”的实际目标。

第六章 非现场审计模式在金融业的应用

第一节 商业银行非现场审计模式的研究

一、商业银行非现场审计模式构建目标

（一）提高商业银行内部审计的效率

一般来说，能够积极主动运用现代化互联网技术，对各类风险开展科学鉴别，有益于商业银行积极主动展开内部结构监督控制，同时能够以更加客观性的角度及时与有关高管开展风险情况反映。与此同时，高效率选用一系列应对策略，保证商业银行内部结构审计的效率和效果。

（二）规划满足自身发展需要的非现场审计模式

因为审计工作人员在开展工作的时候，需要面对大量的数据，其中也存在一些垃圾数据，对审计内容质量造成了一定的干扰影响。因而，为了能高效率开展非现场审计方式，那就需要积极主动制作出更为高效性的数据采集方式。

（三）增强商业银行风险监测手段的多样性

在开展商业银行非现场审计方式构建时，应当积极主动根据多样化的数据库系统，对商业银行很有可能应对的各类风险开展科学的监测与鉴别，与此同时，可以依据对应的风险发展趋向，展开科学的分析，构建更全面的风险监测指标管理体系。

（四）提高商业银行审计质量

科学开展非现场审计方式的构建，能有效对每个信息进行持续监管，保证审计工作人员能及时获得有关数据和信息，同时避免与审计企业人员的接触，从而有效避免对应的人为因素导致的一系列数据信息与事实不符现象的发生，进而间接性确保并提高审计品质。

二、商业银行非现场审计模式的构建原则

（一）防范性原则

通常情况下，依据非现场审计可以有效对相应的各种风险进行自动识别，从而科学开展一系列的计量与分析工作，充分帮助商业银行及时完善内部管理控制体系，有效地规避各种风险，同时也产生一定的防范作用。另外，还可以充分以客观、独立的视角

及时对管理层进行相关风险揭示，积极发挥出内部审计的重要意义与价值，切实推动企业科学开展风险管理以及有效进行内部管理控制，切实保障相关企业的发展与进步。

（二）时效性原则

时效性原则，是指在开展具体的审计职能时，可以积极将事前预警、事中监测、事后延伸有机结合起来，充分发挥出相应的审计职能。另外，通过积极采用最先进的信息技术，有助于相关审计人员能够定期或者不定期，甚至有可能更及时地获取相应的一系列交易信息与数据，从而高效实现自动化审计。

（三）规范性原则

为了能够更高效地对整个审计过程进行实时监控，这个时候就需要科学构建非现场审计模式，因此需要积极对相应的一系列标准与模型进行有机参考。通常情况下，商业银行审计部门可以积极采用一套操作流程，有机实现数据获取、数据框架定义、模型运行等一系列分析结果。通过积极采用各项规则、办法、管理流程等更科学化地对非现场审计管理工作进行逐步地规范与完善，充分遵守相应的规范性原则。

（四）全面性原则

非现场审计面对的是记录商业银行所有业务的操作过程及结果的所有信息数据，因此，非现场审计相对于现场审计，无论是从资源获取还是从手段上，审计范围都将更加宽广。因此非现场审计模式应通过各项风险指标及对应预警阈值或标杆的设定，从整体上对各审计对象、各种金融产品、各项业务流程进行全面监控。

三、商业银行非现场审计模式的构建方法

（一）层次分析法

层次分析法是一种系统地解决问题的方法，以目标作为导向，将复杂的多目标分解为多个层次逐一进行分析解决，使用定性指标模糊量法来对多指标的不同方案进行排序。通过层次分析法来构建非现场审计系统，把被审计对象作为一个系统，按照分解、比较判断、综合的思维方式进行决策。层次分析法在思想上没有割断各个因素对整体目标的影响，而是将每个层次的因素都设定相应的权重使之整体对评价结果产生影响。非现场审计系统中各个评价因素对于整体测评的结果便是利用了层次分析法将其影响因素量化，更加清晰明确地分辨系统风险。非现场审计系统利用层次分析法将风险评估分为定性和定量两种方法，定性方法与定量方法相结合使得复杂的影响因素变得数字化、具体化，有利于审计师对风险评估结果的判断。这种方法的使用能够将复杂多变的问题简化而为简单的权重运算，层层分解，使得审计效率得到提高。

（二）综合评价法

通常情况下，可以积极采用综合评价法，将一系列指标有机制化为具有一定综合

性的指标，然后再科学开展各项评价。一般情况下，综合评价方法主要是展开重要性加权处理。通常情况下，评价结果并不能凸显出具体的指标含义，主要是以指数或分值的形式有机呈现出来的。

商业银行非现场审计模式构建时，首先，可以积极采用综合评价法，有效展开深入的分析与探究，例如，由于财务绩效指标包含的内容比较多，在此过程中，可以积极采用综合评价法，对这些多种指标展开分别性的综合评价，从而有效生成财务绩效综合指标。其次，该方法还可以用于及时对商业银行内部控制制度的实际执行情况以及相应的业务风险等进行有机分析与评价。

（三）逻辑分析法

一般来说，开展逻辑分析法时，通常是根据事物客观性发展的规律，积极主动对对应的行为主体展开具有一定抽象性的解读、分辨与归纳。一般来说，具有一定的思维逻辑特点，同时还可以凸显出其中的逻辑性与抽象性。因为开展逻辑判断时，是根据一定的客观标准开展有机区分的， 因而根据具体数量差异，能够分成直接推理与间接推理。根据实际方法不一样，可分为演绎推理、归纳推理和类比推理。

非现场审计模式下科学应用逻辑分析法可以依照下列步骤：第一，最先确立实际目标，并确保这种目标具有一定的目的性、规范性、系统化，随后科学对这种目标开展指标值表述，确立对应的评价指标；第二，紧紧围绕该目标积极主动制定相应的解决措施与计划方案，并展开可行性研究；第三，重点围绕该目标的实施方案模板，充分开展方案可行性分析；第四，科学搭建分析方法。例如图形实体模型、数据模型、模型设计等多种类型；第五，积极主动对对应的方案进行价值取向评定，对各类危害因素、目标完成率等展开规范化考量剖析。

四、商业银行非现场审计模式的流程

（一）商业银行非现场审计业务框架

非现场审计是内部审计部门履行职责的重要手段，因此，非现场审计在整个审计管理框架中是不可缺少的重要环节，商业银行内部审计应建立非现场审计与现场审计联合的互动机制，通过非现场审计手段来确保现场审计的有效展开，而现场审计的不断确认与发现则进一步地促进非现场审计监测的内容、范围和深度的优化与丰富。

商业银行应每年以风险为基础制定年度审计计划，通过风险评估来确定具体审计业务的实施重点，通过风险评估来确定具体审计项目的实施重点。风险评估分为定性与定量两种方式，其中定量指标以非现场审计为手段来提供风险评估结果。非现场审计与风险评估之间是相互推动，相互促进的关系。

非现场审计工作既可以与审计项目相结合又可以独立展开持续监测活动。专项审计一般包括离任审计、财务真实性审计、资产管理、负债业务、中介业务等方面的审计；

持续监测是通过一系列科学完整的数据化监测指标来完成的日常的动态的审计监测。

非现场审计具体分析内容有：对审计对象的贷款、存款、财务收支、银行卡、转账结算、电子银行、反洗钱等所有经过计算机处理的业务操作合规、合法性验证和资产安全检查，以及会计核算和管理的审计。

（二）商业银行非现场审计模式的数据来源

商业银行非现场审计的数据是在银行业务管理流程中输出的一手资料，这些数据未经过任何人为干预，最真实地反映了银行业务的实际数据信息。业务数据信息是非现场审计模式有效运行的基础，是开展审计工作的主要证据来源。因此，非现场审计模式的建立需要充分享有数据下载、访问、分析和运用的权利。

非现场审计模式需要的数据主要包括：业务交易数据、管理信息系统数据、商业银行数据库、外部数据、内部审计数据集市。业务交易数据是指商业银行核心银行系统记录产生的客户账户信息、交易渠道、交易明细等信息。管理信息系统数据是指运行在商业银行管理信息平台之上，支持业务部门的规范化管理、科学决策及信息报送的数据。商业银行数据仓库是商业银行为了提高业务管理水平和科学决策能力而建立的数据库，主要业务数据都被纳入到数据库中。外部数据是指商业银行监管部门、国家统计局、行业协会或专业信息公司所提供的金融政策和环境信息、行业动态信息、区域经济状况等相关信息。审计数据集市是审计部门从自身审计工作需求出发而建立的专门数据管理平台，数据集市上的信息具有关联性，能够及时、完整、准确地记录所有业务在不同时间点的业务数据信息，满足审计工作中随时提取的需要。

业务数据的获取方式主要有：①直接从核心银行系统下载并导入到内部审计数据集市或相应的非现场审计数据库中。②从企业数据仓库中挖掘。审计师利用数据接口从企业级数据库中提取有用信息。非现场审计人员申请成为系统查询用户，获取经营管理系统信息查询权限。③由各个分支机构定期提供各类业务信息。有些分支机构的信息难以通过以上方式获取，就应要求其定期上交相关报表信息，作为非现场审计工作的重要补充。

（三）商业银行非现场审计模式的风险指标

一般来说，能够积极主动用风险指标有机对银行的风险情况及其水准开展专业化的考量和分析，同时也可以凸显出风险情况的核心特征。在进行一定的风险指标风险管理方法时，首先要明确一系列风险指标，例如点评类、预警类、违反规定类、检测等。各种类型指标都具有一定的重要性和价值，例如点评类指标，主要是对应的风险情况、经营状况等方面进行有机评定，进而确立审计对象的优势与劣势。预警类指标，通常采用事先、事中控制等一系列方法，确立对应的风险程度以及很有可能造成的各种各样危害。违反规定类指标，主要是针对各种买卖业务开展相关法律法规、现行政策、体系等深层次研究，充分确立其中的一些违反规定业务等监管类指标。也便是对对应的业务内容进行延续性观察和分析。并且对在其中所蕴含的各种风险开展实时监控，具有相对应提示和预警作用。

一般情况下，可以从一些实际案例中进行分析总结，从而明确分析风险指标的类型，然后积极展开相应的分析与探究，将一些共性分解因素有机制变为风险指标，从而展开全面监督管理。在此过程中，不断积累风险管理以及内部控制经验，有机发挥防范与预警功效。

通常情况下，具体风险指标分析可以分为以下内容：财务绩效指标分析、财务内部控制制度分析、法人流动资金贷款风险分析等多种分析类型。本章主要是以财务绩效指标分析为核心，对相应的内容进行分析与探讨。

1. 财务计划完成指标

一般来说，能将风险调整以后所取得的利润分析及其账面利润完成率分析列入会计计划完成指标分析中。

风险调整后利润分析的计算公式：

风险调整后利润 = 账面利润－拨备空缺；风险调整后利润变动率 =（本月总计利润－上月累计利润）/（本月总计利润 / 月份额）

依照月份设置预警值，如正负 10%，针对每月完成利润变化超出预警值及其未提足银行信贷与非银行信贷资产减值损失的子公司进行集中分析。创建财务指标分析和预警系统软件，按时一键生成指标值分析表格和指标值异常现象预警明细。

账面利润计划完成率的计算公式：

账面利润计划完成率 = 该季度账面利润率 / 利润计划 ×100

按季设置预警值，如 20%、30%、50%、100%，对账面利润计划完成率与预警值相差较大的子公司进行集中分析。创建财务指标分析和预警系统软件，按时一键生成指标值分析表格和指标值异常现象预警明细。

2. 财务效率类指标分析

通常情况下，财务效率类指标包括一系列指标，比如资产利润率、非利息收入比例、净利息差、净资产回报率等。在展开具体的财务效率类指标分析时，通常可以采用横向方式和纵向方式。横向方式主要包括评价、预警、分析三个层次。纵向方式主要包含省行、二级分行、支行、网点四个层次。因此进行相应的指标测试实践中，要积极对三个层面进行分析与挖掘。首先，明确相应的指标体系层面、机构层面、交叉结合指标和机构层面等。然后，积极展开相应的数据分析与挖掘，构建财务指标分析系统以及预警系统，充分对相应的指标分析报表进行定期生成。如果发现存在一些异常状况，要积极展开预警工作。

3. 财务结构类指标分析

财务结构类指标包含非生息资产占比、活期存款占比、净利息收入占运营净利润比等指标，用以点评被审计行财务结构的合理化。创建会计指标分析与警报系统，按时自动生成指标数据分析报告和指标异常现象预警信息明细。

4. 会计发展趋势类指标分析

会计发展趋势类指标从借款、存款、中介业务发展状况在银行同业中的重要性去分析市场拓展情况，探寻在发展中被审计银行在销售能力、管理能力与同行业存有的差别。会计发展趋势类指标主要包含各项贷款同行业占比、各类新增贷款同行业占比、各类存款同行业占比、各类新增加存款同行业占比、各类中介业务收益同行业占比。创建会计指标分析与警报系统，按时自动生成指标分析报表和指标异常现象预警信息明细。

（四）商业银行非现场审计模式的技术方法

1. 利用内嵌式审计技术获取第一手审计材料

内嵌式审计指的是在商业银行业务交易软件或管理系统设计和开发环节，在程序运行中置入实行特殊审计检测功能性的功能模块，这种功能模块能够完全线上地收集审计师有兴趣的各种各样信息，将疑似异常买卖或日志保存导出到特定审计控制文件中，审计工作人员根据对这种信息的逐一审批来评判金融机构业务管理流程卒中险管控和内控制度实效性。

2. 借助数据库和数据仓库文件存储，创建审计数据集市

银行业关键银行业务及各管理系统都采用数据库技术开发出来的，银行业为适应运营管理必须建立庞大管理方法信息平台与公司级数据仓库。非现场审计方式可以发挥数据库本身有的查看、统计功能，在数据仓库的前提下，创建专用审计数据集市，查找机构数据信息，循序渐进、逐渐推动，从数据方面、检测经营方面、企业决策方面明显提高对经营风险、风险管控的判断能力，最后按时、动态性地出示非现场监测分析汇报。

3. 融合利用各类网络资源，创建审计数据管理系统

审计数据管理系统便是仿真模拟经验丰富的审计专家在审计工作上的思维模式与逻辑推理方法，应用电子信息技术来达到审计师的审计要求，进而处理审计工作中的不足。此系统包含知识库系统、推理机、综合性数据库、表述插口和获得知识等相关信息。

4. 引入非现场审计手机软件，提升审计高效率

现阶段非现场审计专用工具主要包括 ACL 手机软件、IDEA 审计手机软件、SAS 数据库、Oracle 数据库、FOXPRO、VBA、SQL 数据库语言等。这些软件能够对审计数据信息查询、挑选、关系、重排和聚类算法，通过上述作用协助审计师开展数据统计分析，及早发现异常数据信息，精确给予分析数据。

五、商业银行非现场审计模式有效运行的保障措施

（一）改善组织方式及运作机制

1. 进一步提高审计人员非现场运用能力

针对审计人员而言，非现场审计全面的日常实际操作并不一定十分熟悉计算机类专业知识，所以主要塑造非现场审计人员非现场运用能力，不仅是基本的设备操作能力，也是对各种各样模型的了解水平、对各类风险指标的灵活运用，对风险防范的敏感度这些。除此之外，应将非现场审计工作实际贯彻到每个岗位，各个岗位的审计人员及时收集有关客户信息、管理制度，将整理的工作经验运用到实体模型开发与更新上。

2. 提升对于非现场审计相关工作的日常培训

要高度重视审计人员的日常培训。由专业的高端审计优秀人才从事非现场审计工作中的总体部署与实体模型开发等相关工作，与此同时，在日常工作中还要加强对于基层工作人员的审计人员的日常培训，提升一般审计人员非现场审计实际操作运用能力，减少数据加载提交过程的出错率，提高审计工作效能。

3. 提升各子公司间的关联性

各子公司要加强与总公司审计部间的相互配合。总公司审计部要加强对审计机构与人员的日常培训具体指导，并对非现场审计相关工作的方法研究、运用维护保养、业务指引和成效提炼等方面进行实施。

（二）优化系统功能

1. 创建自动连接系统

建立一种全自动连接系统，由并不是现场审计系统自动地从不同运用系统中获得所要的相关数据，这样不仅可以降低审计人员的人工控制水平，还能够保证数据精确及时地载入，降低了人为因素的概率。与此同时，能够科学研究各种各样新的审计程序包，把它参与到非现场审计系统中，完成即时持续不断的监测。

2. 提升监测模型创建

要高度重视优化和扩展非现场审计技术，提升风险指标的核算展现、监测模型建立，创建充分了解审计目标业务发展情况的合理方式。

3. 提升系统运作效率

要提高非现场审计系统的运行效率，对于影响系统效率的主要问题进行研究，例如数据上传、加载、输入输出等问题，结合有经验的审计人才和计算机系统软件开发人才有效建议，采取有效的可行的办法提高系统效率。

（三）重视模型质量管理

1. 完善模型管理机制

非现场审计模型并非越多越好，模型的质量要比数量更加重要。商业银行各业务专员团队应将审计模型进行整合分类，提供模型共享平台，根据模型的运行结果，提示的问题和线索，以及风险疑点的重要程度，来优化改善模型的管理机制。

2. 强化激励考核机制

一般来说，审计机构在开展人力资源分配时，必须积极主动对审计的协调性开展有机调节，而且根据审计机构实际情况，有机制定相应的鼓励考核机制，充分保证该制度的应用性，充分对每一个员工的工作主动性进行合理的激发。

（四）加强数据安全管理

通常情况下，为了确保数据安全，应该积极强化数据安全管理工作，需要参考以下三个方面：第一，有效优化并完善数据安保制度；第二，充分展开数据安全技术防范工作，利用加密技术等有机确保数据安全；第三，有机规范人为安全问题，定期对相关审计人员展开数据安全防范教育。

1. 完善数据安全保护制度

为了能够确保非现场审计数据的安全性与完整性，应该积极强化相应的数据安全管理工作，及时制定科学化的数据安全管理制度，有效依据相关规定，严格进行相关商业银行数据资料的安全运用。

例如，在开展相关的数据安全管理工作时，首先，对相关审计数据的上传、复制、备份等进行职责划分。其次，对相应的移动设备使用时间、维修时状况、地点等进行安保措施规定。最后，对一系列数据拷贝流程等进行严格规定，同时也应该积极明确相应的数据安全法律责任划分。

2. 提升系统加密技术

非现场审计的发展对数据安全保护技术提出了更高的要求，对于商业银行来说数据安全的重要性尤其突出。非现场审计系统需要提升数据加密技术、存储加密技术和传输加密技术。数据加密技术使用固定的密码算法将简单的数据信息转化为更加隐秘难以理解的密文数据。数据加密的方法主要有链路加密法、节点加密法和端到端加密法，非现场审计系统可以使用完全不同的密钥同时对同一种数据信息进行多重加密，这种方法能够更好地保证了数据的安全性。数据加密工具是数据加密技术的核心，数据加密工具包括硬件加密、压缩包加密，以及光盘加密等。审计软件和审计数据的加密可以使用硬件加密技术；需要保护的文件也可以通过压缩包的形式设置解压密码来进行压缩加密，防止被窃取；普通信息目录存储在光盘之后变为了文件目录使一般文件变大，使用光盘加密技术能够有效地保护光盘中的文件信息。存储加密技术包括密文存储和存取控制两种方式。存储加密技术对信息分类，授权，加密和密钥等风险点的有效管理能够有效降低数据存储过程中的泄漏风险。传输加密技术包括线路加密和端一端加密两种方法，传输加密技术适用于各种网络协议数据传输加密，能够保障传输过程中的数据安全。

3. 提升非现场审计工作人员职业道德修养

非现场审计人员的日常工作习惯以及职业道德水平对非现场审计安全有一定的影响。非现场审计进行过程中，有关的笔记本电脑、U 盘等等相关移动设备的携带、使用、密码设定、设备遗失、维修等各个环节的疏漏都会对审计安全造成威胁。因此，为了确保非现场审计数据的安全，不仅要对审计工作人员进行职业道德教育，相关法律责任普及，还要对审计人员的日常工作习惯进行引导和监督，必要时，应出台相关规定对非现场审计人员的相关行为进行规范

第二节 证券公司非现场审计分析系统的构建

一、非现场稽核分析系统业务架构设计

（一）证券公司业务主要审计内容及特点介绍

伴随证券行业改革创新，证券公司逐渐形成了经纪人业务、投行业务、证券项目投资业务、资产管理业务、证券科学研究业务及资本中介型业务（含股票融资、股份质押等技术创新业务）六大业务板块。在其中，前五大业务较为成熟，证券公司审计单位经过长期实践活动，已基本形成较为成熟的审计流程和方式，下面做简单介绍：

1. 经纪人业务

尽管随着证券行业的创新发展和券商的业务转型，经纪业务收入占证券公司营业收入比重在逐年下降，但经纪业务仍是证券公司重要的主营业务，其营业收入和利润总额仍占证券公司较大比重，同时各营业部、分公司也是证券公司的窗口和平台，为资产管理、投资银行、资本中介等业务的开展提供客户资源。常规的经纪业务审计主要是对营业部、分公司的审计。《关于加强证券经纪业务管理的规定》（证监会公告［2010］11 号）、《证券公司分支机构监管规定》（证监会公告（2013）17 号）等均对证券公司营业部、分公司负责人提出了每 3 年至少强制离岗一次，强制离岗期间，证券公司应当对证券营业部进行现场稽核的要求。因此，无论从监管要求还是内部需要，营业部、分公司的审计都占据了证券公司内部审计较多的审计资源。而随着集中交易、集中清算、集中财务、集中账户、集卒中险控制的实现，经纪业务成为证券公司最先开始尝试非现场审计的业务板块，也是能最大化实现非现场审计的业务板块。具体说来，营业部、分支机构的常规审计主要包括存管结算业务管理、营销活动、客户服务、交易运行、薪资绩效、反洗钱管理、投资者教育、信息技术、财务管理与会计核算、综合管理等业务或管理流程。

证券公司可以通过识别上述流程中的风险点，设计相应的审计程序，从而形成相应的稽核分析功能点。

2. 投行业务

投行业务包含个股、债券一级市场、场外市场的证券发行与包销及税务顾问等业务。投行业务通常是以项目为业务开展审计的，其审计内容主要包括承包项目立项、项目执行、管理评审、申请与沟通、发售与包销、持续督导、保荐代表人管理方法、档案保管、会计管理等方面。

3. 证券项目投资业务

证券项目投资业务是证券公司的一项主营业务，证券公司以自己为名开通账户，利用自筹资金交易各种证券。证券直营业务的审计主要包含业务授权、科学研究方案策划、股池管理方法、决策、买卖实行、资产、财务会计及计算、结算查账、监管与报告等层面。

4. 资产管理业务

资产管理业务是证券公司作为顾客资产管理人根据相关法律法规、政策法规与投资委托人的投资意愿，与受托人签署顾客资产管理合同书，把受托人委托财产在证券市场中从事个股、债券等金融衍生工具的组合投资，并实现授权委托资产收益最优控制的举动。资产管理业务的审计主要包含产品外观设计与开发，品牌推广与创立，商品参加、撤出和期满管理方法，项目投资策略管理投资研究，项目投资候选池管理方法，投资审批与交易实行，买卖结算和收款，财务会计和公司估值管理方法，风险计量、监测和报告等层面。

5. 证券科学研究业务

证券科学研究业务就是指证券公司根据单独、客观观点，对证券及证券相关产品的使用价值或是影响到价格行情的影响因素展开分析，出示调查报告、给予科学研究服务项目。证券科学研究业务的审计主要包含商务咨询及调查报告两个方面。

（二）非现场稽核分析系统业务架构

在工程建设过程中，证券运用数据库技术性实现了数据方面的融合，把每个业务全面的数据按照一定的标准整合，面对稽核分析主题风格进行汇总分析，产生稽核分析数据服务平台。与此同时，运用 Java 技术独立开发完成以审计业务步骤为核心的树形菜单栏管理功能，审计单位也可以根据审计要求自定稽核分析点，便捷审计分析模型迅速进行营销推广，提高整体审计工作效能，为公司发展非现场稽核工作提供了强有力的系统软件确保。

证券公司审计一般分为基本审计和重点审计，基本审计主要包括企业的各种业务，比如经纪人业务、股票融资、投资管理等，而重点审计乃是选择某一安全风险进行深入分析，比如顾客投资者适当性审计、业绩考核审计、权限设置审计等。基本审计和重点审计互为补充，当重点审计不断开展到一定程度，将转化为相对应业务的常规审计，而原来基本审计的安全风险检测不能达到风险管控的需求时，审计人员也会针对特定的安全风险进行专项审计。

1. 基本审计

证券公司业务包括经纪业务、投资银行业务、证券投资业务、资产管理业务、证券研究业务及资本中介型业务等。常规审计模块的设计思路即以兴业证券多年审计经验和各业务最新监管要求，总结形成各项业务审计规程，将系统与审计规程紧密结合，采用树状结构进行展示，方便审计人员使用时对应着规程找到相应的稽核分析功能点。以经纪业务系统审计为例：经纪业务稽核分析查询总体功能分为概况指标和稽核分析具体线索查询两大类。

2. 重点审计

重点审计，简单地说就是对某一特定的业务开展审计。这种审计具体内容单一，数据也极为集中化，涉及范畴小，要做好这种审计新项目，则需对数据进行全方位的发掘分析。首先是定位数据范围，了解数据存储格式及其含义。其次是了解行业中该项业务可能存在的风险，如通过网络搜索或其他非现场途径；公司该项业务的开展情况及操作流程，可以查阅相关部门的业务操作流程或报表等，判断可能存在的风险点及风险特征。第三是综合数据和业务层面了解的信息，设定风险客户的数据特征，进行初步分析及定位审计线索。第四是详细分析，尽可能获得特征客户的全面信息，分析特征客户的其他信息或数据的变化规律。对于异常的信息或规律，进行个性分析，猜测可能存在的问题及其特征，进一步寻找相关数据，判断数据之间的关系，直至穷尽，然后根据审计经验初步判断问题的性质。必要时可非现场对相关被审单位进行咨询，进一步确定问题的性质。

专项的审计分析通常是根据具体项目的审计需求构建相应的审计分析模型，通过在稽核分析数据库中构建的大量基础审计中间表，数据分析人员可以根据审计需求快速构造相应的模型，满足稽核分析需要。

二、非现场稽核分析系统技术架构设计

在工程建设过程中，兴业证券运用数据库技术性实现了数据方面的整合，把每个业务管理系统的数据按照一定的标准进行整合，面对稽核分析主题进行汇总分析，产生稽核分析数据服务平台。系统架构图包含源数据层、数据导进层、数据服务层、业务系统层及用户层。

系统软件建设过程中，依据大数据构思开展数据方面的整合，把每个业务管理系统的数据按照一定的标准进行整合，存储在数据仓库里，并面对稽核分析主题进行汇总分析，产生稽核分析数据服务平台。在这样一个数据服务平台的前提下为非现场稽核工作中提供切合实际所需要的初始数据凭据域、面向财务审计主题的数据大集（财务审计

中间表），构成了具备金融行业地方特色的稽核分析数据库，为公司发展非现场稽核分析工作带来了最基本的数据确保。

三、稽核分析模型的构建

（一）构建稽核分析模型需要解决的关键问题

稽核分析模型可以划分为总体分析模型和个体分析模型，其中总体分析模型又分为系统分析模型和类别分析模型，系统分析模型主要用于对被审计单位进行整体层次上全面系统的分析，帮助审计人员把握被审计单位的总体情况；类别分析模型主要按业务类别对审计数据进行分析，帮助审计人员锁定审计的重点；个体分析模型主要用于筛选审计线索。

稽核数据分析和实践是分不开的，相辅相成，互相促进，在实践中，审计人员应结合审计项目的具体需求综合运用各种方法来构造分析模型，构建稽核分析模型的技术一般有 SQL 查询技术、多维分析技术、数据挖掘技术。部分较为简单的审计任务，其数据信息可以直接从现有的系统中获得，不需要经过复杂加工，主要工作任务为集中原始数据，提高工作效率。复杂的审计任务，其涉及的数据可能较广，需要从不同的系统中获得，然后合并分析。合并分析的方法源于实际的审计经验及曾经发现过的问题。对于已知的问题，总结其问题特征，然后在数据中筛选出相同特征的数据，再逐一确认。对于尚未发现的问题，需要熟悉业务，在审计项目中与被审计对象的广泛接触，了解业务开展情况及具体环节；同时对相关数据进行不同维度、不同层面的灵活分析，两者结合来获得可能的线索。随着经验的积累，不断修正分析方法及分析过程。对于确定的问题和确定的数据分析方法，积累到一定程度可以转为系统实现，从而减少人工分析的时间耗费，提高审计效率。

在长期的实践中，兴业证券认为搭建稽核分析模型要解决的关键问题有两个：①当面对众多软件系统及大量的数据时，如何才能保证稽核分析效率，以适应多个项目与此同时开展的要求？②怎样通过分析审计需求与数据源，找到更好的方法路径方式来构建稽核分析模型？

（二）审计中间表设计介绍

当面对大量的数据信息分析时，在实践中，为了保证核查分析高效率，兴业证券引进了审计中间表去解决此问题，在核查分析系统内打造了很多基础性审计中间表，在面对审计项目的时候打造了分析性中间表。建立审计中间表是一件繁杂的基础性工作中，但是只有构建起相对性详细和完善的审计中间表，才可以进一步搭建审计分析实体模型，进行合理的数据信息分析，推动审计工作效能的提升，并同时保证审计成效的质量和水平。本项目运用数据库管理技术性，实现了审计中间表的搭建，主要包含基础性审计中间表、分析性审计中间表。

1. 基础性审计中间表

基础性审计中间表即对于证券公司核查分析要求，根据对采集到的证券公司各系统源数据进行清洗、变换、认证，再按照一定的标准建立详细规范化的基础性数据分析表，产生核查分析系统软件的信息子集合，都是数据信息分析工作人员开展审计数据信息分析工作中的对象和信息资源共享平台。

以证券经纪业务为例，证券经纪业务基本评价指标体系包含如财产、资产、总市值、成交量、提成、客户社会属性、客户交易频率、资产总额按段指标值、总资产周转率、客户财产奉献及佣金率、客户群市场占有率、客户发展潜力指标值、客户盈利水平、资金资产流入等各项指标值。对于客户方面设立了“客户综合性月度分析表”，主要按照自然月时间窗，整合了客户的相关信息如资金账户、累计总资产、日均财产、近12个月成交量、客户股票投资风险等信息。以上指标值搭建主要根据客户的基本信息、买卖交易进行统计；一部分指标值必须结合公司制定规则来计算；而“客户股票投资风险”乃是运用数据挖掘方法、主成分分析法、聚类算法分析法融合对客户的内容进行更深层次的发掘分析，最后分析结论可以被引入，作为客户投资者适当性分析的数据资料。

2. 分析性审计中间表

分析性审计中间表是审计工作人员在数据分析环节中，在基础性中间表的前提下根据具体的审计任务和分析需求产生的，建立分析性中间表是审计工作人员进行实际审计事宜、实现具体审计目标的需要。数据信息分析的关键问题取决于审计工作人员能否对数据进行高效地分析，应对大量的数据信息，唯有通过结构分析性中间表去完成数据转换为信息的一个过程，才能保证数据信息分析高效率。以证券经纪业务为例：

（1）客户账户综合分析表

为了能更全面、快速地分析客户，关键采集了包含账户系统软件、交易软件、营销管理系统、反洗钱系统、股票融资装置等好几套系统软件的有关信息（如客户基本上信息、证券账户信息、利率信息、委托代理人信息及客户买卖交易信息等），依据财务审计时间窗开展信息融合，并通过数据预处理、统计汇总、标准鉴别等方式进行数据汇总生产加工，最终形成了客户账户综合分析表。在这个基础上，数据统计分析工作人员可以快速地进行一定的核查剖析。

（2）客户行为问题重点分析表

针对客户异常行为进行总结，并归纳分析方法，形成数据模型，为专项审计提供线索，如客户涉嫌异常对倒交易行为、异常大宗交易行为、个人客户年龄、职业与其拥有资产明显不匹配等异常行为的识别，并形成了分析表；数据分析人员根据该表提供的线索可进一步排查分析，提高效率。

（3）搭建被审企业财务指标财务审计中间表

结合公司各个单位关键财务指标，搭建被审企业财务指标财务审计中间表，如主营业务收入、营业支出、营业成本、变动费用、人工成本、固定成本、利润总额、其他业务收入、营业外收入、资产总额、纯利润、资产总额排行等。

（三）稽核分析模型构建介绍

1. 基本核查分析模型建立详细介绍

兴业证券在数据库管理基础上创立了核查分析审计数据库系统，并建立了核查分析实体模型，下面就整体分析和个人分析举例说明详细介绍。

搭建核查分析模型关键步骤如下：①审计要求分析；②明确建模构思，把握基本知识；③分析数据信息，建立审计中间表；④构建模型。

（1）总体分析模型构建举例

目的：分析被审目标客户构造以及各种客户收入奉献状况；

方式：根据构造分析法。

①审计要求分析：分析该业务部财产段客户的占比状况，并分析各财产段客户的成交量、提成风险。②明确建模构思，把握基本知识：必须统计分析每个客户在审计期内的财产、成交量和提成状况，然后根据资产结构开展分析。③分析数据信息，建立审计中间表：根据分析核查分析仓库数据，客户的交易额和提成能从历史时间交易量流水表归纳获得，客户财产能通过资产余额表和证券余额表测算得到，两个表关联得到所需的审计中间表。④构建模型：根据审计中间表撰写简单 SQL 句子搭建核查分析实体模型即能开展分析。

在这个例子中，核查分析模型最重要的是要从大量的交易量信息中归纳出成交量和提成。在核查分析数据库中，历史时间交易量表储放着多年来的交易流水，假如每次该类型的分析都要从银行流水去归纳，则高效率将受到影响，但实际审计要求中一般只需具体到月就可以。因而根据经验打造了基础性审计中间表“客户综合性月度分析表”，将经常要分析的一些指标值按月归纳，再根据审计工程项目的区段从基本性审计中间表“客户综合性月度分析表”搭建面向审计工程项目的分析性中间表“客户账号综合性分析表”，大大提升了搭建分析性中间表的效率，达到与此同时开展多个项目的需要。

（2）个体分析模型构建举例

目的：搭建个人分析实体模型去进行未满 18 岁开户查验；

方式：运用相关法律法规，选用合规管理分析法。

第一，审计要求分析：

查验未满 18 岁开户办理手续是不是合规管理。

第二，确定建模思路，掌握相关知识：

根据我国《中华人民共和国民法通则》规定，十周岁以上的未成年人是限制民事行为能力人，可以进行与他的年龄、智力相适应的民事活动；其他民事活动由他的法定代理人代理，或者征得他的法定代理人的同意。从事股票交易是一项比较复杂的民事活动，与未成年人的年龄、智力不相适应，因此不能开立证券账户。但有一种情况属例外，即属遗产继承，需办理证券过户，这种情况下，未成年人可以开立证券账户，也可以在证券公司开立资金账户。因此，只有年满 18 周岁，或者 16 周岁以上不满 18 周岁、以自己的劳动收入为主要生活来源的成年人才能开立证券账户，通过分析相关规定，确定建模的目标是筛出开户时不满 16 岁和 16 ～ 18 岁之间的客户。

第三，分析数据，构造模型：

通过分析数据，发现数据中并无开户年龄的数据，出生日期由于历史原因，早期并未要求准确录入，许多是空的，因此转换思路从证件号码计算出生日期，客户基本信息表中有身份证号和开户日期，通过身份证可以计算出生日期，跟开户日期比较即可得出开户年龄，并通过条件筛选出这两类目标客户，在实际实现中，审计中间表“客户帐户综合分析表”中包含了客户的开户日期、身份证以及其他各种账户信息，直接使用该中间表进行筛选出目标客户，有利于从多个维度去查看这些目标客户。

该模型利用法律法规构建个体分析模型，定位出目标账户，审计人员利用该模型直接可以查出未成年账户，看是否存在 16 岁以下的客户，16 ～ 18 岁的客户是否提供了相关收入证明。

在该例子中数据相对简单，重要的是通过分析数据和需求找到合适的分析方法，而且通过分析性基础表可以在筛选出目标线索的同时，将目标线索的各种属性一起显示出来，供审计人员从多个维度去分析目标线索。

2. 重点核查分析模型建立详细介绍

在实际的审计运用中，对于重点审计，一般没有固定的形式，或者说通用方式，因而证券公司应该根据具体的审计需要重新对机构数据信息进行针对性分析，采用多种分析方式，如关系分析、聚类算法分析、孤立点分析等新技术，下边对一部分模型进行举例说明详细介绍。

（1）实体模型案例 1：客户圈分析实体模型

业务需求。在审计和客户服务过程中，常常要了解客户相互关系，如想知道客户存不存在将登录密码交到别人应用便于提醒风险性，或是不是一个人控制好几个账户，但仅凭简单客户材料，很难判断出来，根据传统审计方式根本没办法处理，常常找不到方向。

基本分析。根据工作经验总结，如果一个人同时实际操作好几个账户，依据人的习惯，其实际操作很有可能存在同机同股的现象，相反，假如 N 个客户存在同机同股状况，是不是意味着这 N 个客户之间有密切的关系呢？根据取样分析调研及追踪，一部分情况该假设成立，但存在较多的噪声。

深层次分析。对噪声开展分析清查，发现存在业务部的公共文化服务设备有好几个客户使用的状况，在执行原来的标准时会发生比较多的该类情况。为了能去除不必要的影响，根据发掘分析，发现使同机同个股与同时委托客户间成为一种强相关，效果比较好，噪声比较小。

实体模型界定。客户操控的强相关界定如下所示：假定一个人下完单撤出账户，另外一个人键入账户开展委托时长必然超过N秒（N作为主要参数能够根据经验做出调整），如果双方在同一设备里的授权委托时差要低于N秒，很有可能，就是同一个人在同一设备上与此同时绑定了好几个账户开展持续提交订单实际操作，再加上又实际操作同一个股，那样只需证明还是存在N秒同机同股票委托的客户，就可以认为客户间存有强相关。

技术进行：

关键方式方法。孤立点分析、工作经验分析方式、统计分析。

数据资料。在建模环节中，主要考察客户授权委托数据信息，包含日期、授权委托时长、业务部号、资产账号、委托方式、货币、销售市场、证券代码、授权委托方位、授权委托总数、委托价格、成交数量、成交额、授权委托网站MAC及IP等相关信息。

审计中间表。主要考察客户资金流动，转托管，最初，期终财产，平均资产，开户日期，盈亏情况等。

数据过滤。在建模环节中，逐渐发现一部分数据信息模型拟合得到的结果造成严重危害，因而，清除失效MAC、银行柜台授权委托、网络热点授权委托、停留授权委托。

基本参数。授权委托时长间隔、调查周期时间、数据处理方法方式（增加量/全量）。

（2）实体模型案例2：客户风险偏好发掘分析

业务需求。在客户服务过程中，适当性管理是一个重要的课题研究，而客户风险偏好的分析则是其中的难题，审计单位应当怎样对客户进行筛选并且对风险性出现异常客户开展密切关注，从而帮助被审企业贯彻落实适当性管理工作。

基本分析。客户在开展各类业务查询的过程当中，将进行风险性问卷调查报告，该评价结果在一定程度上可做参考的重要依据，可是实践经验证明，其精确度存在一定的误差，不可以真正、及时地体现客户的风险承受度及风险偏好。

建模思索。客户在券商的交易软件中留下大量的、真实的行为轨迹，是不是可以利用商务智能技术实现大数据挖掘，进而发掘客户更深层次的风险偏好信息内容，进而为兴业证券的适度特殊服务及审计监管开供参照？借鉴了别的行业的成功发掘实例，兴业证券认为具有一定的可行性。

建模数据和指标值。喜好细分化模型时间范围为3个月（客户实际操作风格和营运能力分析实体模型选择周期为12个月），即依据统计周期内客户的行为轨迹，对客户开展喜好分群，因此只需汇总统计时间段内的客户行为轨迹。

数据挖掘模型。客户喜好细分化是一个聚类问题，常见的聚类方法有系统软件聚类算法（分层聚类）、非系统软件聚类算法。

大数据挖掘结论。为了解决客户风险偏好与风险承受度参考运用的难题，本方式在客户商品喜好细分化、买卖机会喜好和客户综合性偏好的前提下，将客户的风险偏好划分成最大风险偏好、比较高风险偏好、中等水平风险偏好、比较低风险偏好、最小风险偏好五类。

第七章 非现场审计模式在财税审计中的应用

第一节 税收征管质量非现场审计重点审计事项

一、税收征管质量非现场审计重点审计

（一）税收政策制定执行情况

审查税收部门在税收征管中是否严格执行税收征收管理法、税收条例及减免税管理政策，有无违规制定和执行减、免、缓税政策，以及擅自改变税率、征收期限等问题。重点关注企业所得税及福利企业优惠政策执行情况，审查管理方式是否规范，是否存在违规扩大、缩减优惠政策的适用范围、标准和时限等问题。

（二）税收征管质量情况

1. 税收收入的真实性

审查和分析税收会计统计等资料反映税收收入的真实性、完整性。审查各项税款、其他收入、滞纳金、罚款等按照国家规定方式、期限，以及规定的预算科目、级次缴入国库情况，有无通过违规办理调库、退库、设立税款过渡户等方式截留上级收入或人为调节收入进度问题；审查按税法规定依率计征、按期征收税款，以及未按期缴纳税款加收滞纳金情况，有无违规多征、少征、提前征收、延缓征收税款，应征未征、少征滞纳金，以及参与财政资金虚收空转，影响税收收入真实性问题；审查税收部门按照国家规定的权限审批缓缴税款情况，有无违规办理缓缴税款问题。

2. 税收票据和发票管理方法应用情况

审查实行税收票据管理的规章制度情况，发票印刷、派发、缴销、备案及其代开税票是不是合规管理，查验税收单位私自扩张适用范围，混开混合使用及其运用代开税票跨地区征缴、混税、引税等诸多问题。

3. 税收稽查工作中开展情况

审查是不是按《税收稽查工作规程》要求开展日常稽查、重点稽查和项目稽查工作，查验税收稽查程序不合规、稽查具体内容不完善、解决惩罚落实不到位、稽查确定不落实、审结不到位等诸多问题。

4. 税收会计核算情况

审查税收会计核算是否满足《税收企业会计制度》《欠缴税金核算管理暂行办法》《增值税免税会计核算暂行规定》等相关规定，是不是属实，详细体现欠征、减少、缓征、出口退税、呆账税费等多个方面情况。

5. 代扣代征税款征管情况

审查税收部门履行对代扣代缴单位和委托代征单位的监管职责情况。通过抽查税款代扣代缴和委托代征单位代扣、代征税款情况，检查有无少代扣代征税款、超协议范围代征税款、压延代扣代征税款、挤占挪用代扣代征税款等问题。

（三）重点行业和税种征管情况

1. 建筑、房地产行业税收征管情况

审查建筑、房地产开发企业各项应税收入的真实性、完整性，主要检查相关收入是否计入应税收入，有无不如实反映建设或交易行为，故意隐瞒收入问题。审查成本费用的真实性、合规性，主要检查有无人为调节损益问题，以及成本费用的分摊是否符合配比原则。重点关注企业所得税和土地增值税的预征、清算和税负情况。

2. 城镇土地使用税、土地增值税和教育费附加征管情况

对城镇土地使用税和教育费附加的审计，重点关注税收部门对新出台税收政策执行情况，以及计征基数的准确性。对土地增值税重点审查是否按照《土地增值税清算管理规程》及有关文件要求进行清算。对已清算的项目，应进一步关注清算效果；对未清算的项目，要进一步审查了解未进行清算的原因。特别关注存量房地产交易环节税金征管情况。

3. 耕地占用税和契税征收管理情况

审查两税减免政策的执行情况，有无擅自扩大、缩小优惠范围，擅自提高或降低优惠标准等问题；审查收入的真实性，有无少征、多征、未按时征收、引税、延压税款等问题。

（四）上年审计决定执行情况

审查是否严格落实有关审计决定，应补征税款、滞纳金等是否及时、足额征收入库，是否对应调整账务处理的事项进行纠正，是否完善规章制度。

二、税收征管质量非现场审计模式操作步骤

（一）获取整理信息系统数据

1. 提取税务部门数据

审计机关应根据具体审计目标提取相关数据，一般应用较多的是纳税人基本信息表、申报征收信息表及通用代码表。纳税人基本信息表，主要内容是记录纳税登记户的

基本信息。申报征收信息表是税收信息系统最主要的一张表，主要记载纳税人纳税申报的一些基本情况，一条记录基本上就是一张税票，包括 20 多个字段。该信息的记录主要是以代码表示。审计组必须采集纳税人基本信息表、申报征收信息表、通用代码表，并整理转换征收信息表。

2. 采集第三方涉税信息

从政府部门（如财政、国土、城建、房管、规划、工商、交警、供电、统计、社保机构等部门）取得纳税人注册、用工、用电、占地、房产、股权等登记及交易原始数据；从有关企业采集人员管理、原材料购进、产品销售等基础业务核算数据。

3. 建立税收数据处理查询平台

利用 OA 与 AO 系统平台，搭建“税收征管质量审计数据查询平台”，实现市、区审计机关税收征管数据的远程访问。

（二）建立税收数据分析模块

利用税收数据处理查询平台功能及 SQL 语句等计算机语言，实现智能化审计，将审计思路、经验和方法编写成固定通用的数据核查、审计疑点筛选、三方信息比对分析三类审计模块。

1. 数据核查模块

利用多维分析等功能，SQL SERVER 等数据库软件，开发创建数据比对核查模块，自动分地域、分纳税人、分税种、分年度查询税收入库情况，方便查询及比对分析。

2. 审计疑点筛查模块

①税收部门少征、未征税类审计模块。包括未加收滞纳金、计税依据不一致、申报不连续、税种不匹配、代理开票税种附征不全等审计事项模块。对税款征收、申报等数据分行业、分税种进行表间关联和计算，筛查出是否存在各种形式的少征、未征、缓征、适用税种税率错误等疑点问题。②税源户管理类审计模块。包括正常户未办理纳税申报、非正常户纳税记录等审计事项模块。对有关信息表进行关联，筛查出税源户管理疑点问题。③税收秩序类审计模块。包括注册地与纳税地不一致、各税种年内入库均衡性分析、临时户入库等审计事项模块。对有关信息进行关联分析，筛查出争夺税源、调节税收等违规疑点行为。④代征款项审计模块。查找任意纳税人未同时缴纳社保金等待收款项的所有记录，筛查出漏缴疑点问题。

3. 第三方信息比对模块

针对有些纳税人账面税源信息不完整不真实的现状，将税收申报数据信息与采集的第三方涉税信息比对分析，查找征管漏洞，克服旧账查账的缺陷。

①供地信息比对模块。包括出让国有土地、流转集体土地、土地使用权转让信息，筛查少报漏报计税面积、少报税金等问题。②存量房地产交易环节比对模块。包括土地、

房产转让双方涉税信息，筛查二手土地房产转让金额、扣除成本、增值额计算及适用税种、税率不准确的疑点问题。③政府性支出比对模块。包括财政国库集中支付数据、政府采购中标公告信息，筛查接收政府服务或购买性支出的纳税人提供虚假发票或异常申报的问题。④交警车辆信息比对模块。包括交警系统车辆管理信息的全部内容，筛查车船税代征代扣及入库异常等问题。⑤注册信息比对模块。包括工商及国税系统纳税人注册信息，筛查漏管户及引税等问题。⑥审计系统内部政府投资审计中签证用的供料方票据信息与纳税人纳税信息比对，查找建筑施工企业购料不索要正式发票导致供料方漏税的问题。⑦纳税人业务信息比对模块。包括纳税人用电、用水、薪金及存货核算系统等信息，筛查企业税负疑点线索。

第二节 税收征管质量非现场审计模式的方法

一、利用内部信息联系点集中分析税收数据

从税务征管业务流程入手，利用税务内部信息数据的联系点，通过集中运行模型、分析查询数据，在总体把握税收形势和征管情况的基础上，重点分析不符合既定规则的数据，锁定疑点，为确定审计重点内容及延伸对象做好准备。对信息数据的分析利用奥妙无穷，下面仅从几个不同的角度，介绍审计局利用计算机对税务部门税收征管情况进行分析的思路及做法。

（一）利用纳税人基本信息表检查疑点

利用纳税登记户信息与纳税户纳税申报信息进行比对，发现异常数据。例如，对纳税户登记情况进行检查，看是否有漏征漏管以及其他纳税登记管理方面的问题。检查方法：从纳税人基本信息表中找出在申报征收信息表中不存在或者全年纳税为零的业户，找出当年没有进行申报或零申报的业户，重点抽查，可以有效解决以往只抽查税源大户而遗漏中小纳税人的管理问题。

检查纳税人基本信息表中重复登记或以非独立核算的分支机构登记的业户，结合当地实际情况，审查违规引税、拉税问题，制约税务机关或税务人员违规介绍税源收取好处的行为。

（二）利用纳税期限分析疑点

利用征收信息数据中纳税申报日期、税款所属时期、缴款凭证填开日期、税款限缴日期、缴款发生日期、上解日期、入库日期等，根据税款从实现、申报、缴纳、上解等各环节存在的先后顺序及内在联系，对各环节发生日期进行比对，分析查找异常线索。例如，提前征收税款，延缓征收税款，超限缴日期未按规定加征滞纳金等。

（三）利用申报记录分析疑点

1. 申报征收记录不足或不连续

一般流转税按月申报，每户每年不少于 12 笔申报纳税记录，所得税按季度申报，不少于 4 笔申报纳税记录。如果未按月申报，申报记录不足，则存在漏报问题。

2. 一月多笔申报记录

纳税人一般每月一次申报缴纳税款，如营业税在次月 10 日前申报，如果存在一个月有多笔申报业务，特别是非征期申报，则明显存在异常，责任一般在税务机关，重点关注是否存在税务机关延缓征收或私设纳税过渡户调节收入进度的问题。

3. 一户多头报税行为

同一纳税人以不同的识别码（税款唯一的归属地代码）申报，或以零时户的名义申报纳税，存在更改税款所属地，随意分配税款导致纳税引税问题。例如，某保险公司代征的车船税，以不同的识别码申报缴入不同的乡镇国库。经审计，查出税收部门未按保险公司税务注册登记地确定税款入库级次，而是无依据地在各区及乡镇之间调剂入库，造成随意分配税款。

（四）利用税额数据分析疑点

1. 大额整数缴税

正常情况下，纳税人实缴税额都是带有元角分的非整数数据，如果出现大额整数缴税现象，特别是 6 月、12 月等月底大额税额入库，则一般是预缴、欠税集中入库、虚收虚转等人为调节入库的问题。查询的方法是根据“税额 /10 万元”的结果是否为大额整数来判断。

2. 年度之间缴税差距较大且无正当理由

利用整理生成的年度比较表，对每一纳税户进行跨年度比较，必要时，对具体税种进行跨年度比较，对缴税差距较大且无正当理由的作为疑点数据，重点排查原因。

（五）利用税种间的逻辑关系分析疑点

1. 城建税与教育费附加不匹配

两税均按流转税的一定比例附征，排查城建税与教育费附加缴纳比例明显不等于 7 ∶ 3 的纳税人，凡比例明显畸形的，需要作为疑点数据重点落实。一般存在三种情况：有城建税无教育费附加、有教育费附加无城建税、两者都申报但不匹配。通常存在税务人员提前或延缓征收税款、调节入库进度的问题。

2. 营业收入、营业税与所得税不匹配

一是营业收入、营业税额很高，但是所得税连续几年为零或数额很小，或者相反，有所得税缴纳记录而无营业税。二是所得税核定征收的中小企业，所得税额可根据流转税计税基数测算，并予以验证实际申报情况。如某审查中心，按月申报一并附征流转税

及附加，按季度附征企业所得税，但存在个别季度未申报附征所得税的现象。

3. 小税种异常

房产税、城镇土地使用税、印花税等小税种是常税，不管企业大小，只要有房、占土地、有经营收入、设置账簿，都应该缴纳这些小税，但是存在漏缴现象。利用计算机排查不缴或缴得不够的纳税户。

4. 资源税异常申报分析

调取资源税纳税人年度申报缴纳的各税种金额信息。一是计算资源税占年度纳税总额的比重，筛选资源税占全年入库税收的比重过大的企业，列为异常申报。二是计算资源税与印花税、城建税的比例关系，倒推营业额，公式：印花 /0.03%×3% －城建税 /7%，按小规模纳税人测算应缴纳的增值税，筛选差异较大的纳税人，对异常数据分别移送税收部门落实，查处少申报、变更税种入库等问题。

5. 契税申报不及时分析

按《契税暂行条例》规定，契税应自签订合同之日起 10 日内申报，但是实际操作中，由于契税是办土地证、房产证的前置条件，只要不办理“两证”就可以先不申报，加上有关部门信息沟通不及时，致使税务部门难以从源头上进行控制，造成契税不能全面按时缴纳。

6. 房地产企业关联税种比对分析

根据税法规定，应按预售收入按期（一般是按月）申报营业税、预征土地增值税，在同一纳税期内，两税计税依据（销售收入）应相同，如果纳税期、销售收入不同，则存在延期申报、漏报税金等问题。

（六）利用发票数据分析疑点

1. 发票金额与申报税金不匹配

将发票系统的数据，如税控机刷卡的记录（开票金额）与相关营业税及附加等税金比对，抽查疑点数据，重点排查税控机票表比对环节存在的漏洞。例如，经调查某办税服务厅发现，两家政府税控机读卡信息未纳入大集中系统，现行税控机系统与纳税人申报税金的营业额不能自动比对，无法发挥信息系统的预警作用，缺乏避免人为调节营业额的内控机制。

2. 代理开发票收入金额与税金缴纳不匹配

税务部门代理开发票的同时应征收相应的税款，一般根据代开性质不同，征收的税款有营业税及附加、企业所得税、印花税、房产税等。

3. 利用代理开普通发票信息表中的关联字段查找转引税款

跨市、跨区、跨乡镇转引税款行为不仅扰乱了正常的征纳秩序，而且容易造成财政收入流失、公职人员不作为等问题。国家税务总局早在 21 世纪初便印发《关于严格执行税款入库和退库制度严肃财税纪律的紧急通知》（国税发〔2000〕103号），予以明令禁止。但是，在基层特别是在乡镇级，税收任务考核压力大，转引税款现象较普遍。转引税款主要发生在代理开发票环节，现行税法规定，建筑业营业税（现为增值税）纳税地点在建筑劳务所在地，但是代开的税票上没有注明税款缴入了哪一级哪一家财政国库。因此，无论从纳税人入手检查还是从税务机关代理开发票档案入手检查，均不易发现问题，且税务机关代理开发票档案数量非常大。该问题一直是审计机关查处的重点内容，也是审计的难点。

二、利用外部信息开展第三方信息比对

针对有些纳税人账面税源信息不完整、不真实的现状，在利用计算机对税收数据大集中平台进行内部分析的基础上，再从外部信息数据入手，始终不断拓宽从外围收集涉税数据的渠道和范围，将税收申报数据信息与国土房管等部门采集的第三方涉税信息进行比对分析，开展第三方信息比对，查找征管漏洞，克服陈旧账查账的缺陷，进一步加大对税收征管质量的非现场审查力度，提升以信息管税、审税的水平。

（一）与国土部门供地信息进行比对

由国土部门定期采集国有供地台账、集体建设用地信息，查找城镇土地使用税征管漏洞。

（二）与房管国土部门房地产过户信息进行比对

从房管部门综合管理系统中提取转让房地产的过户信息及音像备份资料，将税收征收信息中转让土地征收营业税的纳税信息与房管部门房产、土地过户信息中的交易金额、扣除金额、征收税种、执行税率等涉税信息进行比对分析，重点对增值额计算的准确性、扣除凭证的合法性进行了审查，对存量土地房产转让环节相关税金的缴纳情况进行了检查，查找存量房产、地产转让环节存在的各种形式的问题，发现了税收部门对存量土地房产（二手）转让环节相关税收征管的漏洞，为完善制度提供依据。

（三）与房管部门商品房预售许可信息比对

根据《土地增值税清算管理规程》（国税发〔2009〕91号）规定，为从源头上摸清应清算未清算的总体状况，从房管部门提取预售许可证信息，包括开发单位、项目、楼盘位置、套数、面积、发证日期等信息，与税收信息系统中土地增值税清算报表比对，检查土地增值税清算不及时的问题。

（四）与财政国库直接支付数据比对

公共财政资金支出规模逐年扩大，政府购买服务的种类金额也越来越多，随着财政改革措施的推进，70%以上的财政资金由国库直接支付到劳务提供者的收款人账号，在一定区域及时间内，收款人累计接收的财政直接支付金额，与其申报纳税金额存在关联关系。审计利用这种内在的联系，进行财税信息比对分析，查找出纳税人伪造票据、

隐瞒收入、漏报税金等问题，进一步发现税收征管漏洞，为完善征管措施提供依据。

（五）与政府采购中标公告数据比对

政府采购招标信息是公开的，中标单位均为流转税（营业税或增值税）纳税人，根据中标额度与纳税额度存在的关联关系，查找少申报税金的问题，检查税务部门对涉税信息的采集利用程度，促其主动索取并积极开发利用信息。

（六）与政府投资审计中供料信息比对

政府投资审计项目涉及的建筑施工企业众多、工程投资金额较大，投资结算、决算审计中，经常调阅施工企业供料的价格及数量，施工企业普遍存在无发票或非正式购料发票的状况，将签证用的供料方票据信息与纳税人纳税信息比对，查找建筑施工企业购料不索要正式发票导致供料方漏税的问题，这是审计系统内部投资审计与税收审计相结合的经典案例。

（七）与企业用电信息比对

用电量是能客观反映纳税人经营状况的第三方指标，税务部门经常用作纳税评估的依据。

（八）与现场观察的涉税主体所处环境现状联系分析比对

影响纳税的环境因素很多，有有形的、有无形的，如单位负责人及会计人员的人品、社会责任感、偶发事件乃至纳税人房屋建筑物现状、用电量、门店的出租、科室门牌的挂置等，因人、因事、因单位而异，审计人员要跳出账外，深入现场，察言观色。

三、落实非现场审计发现的异常数据

（一）借助税务预警功能及其工作体系

鉴于异常数据线索较多的现状，借助税务机关及人员的力量，询问有关人员，吸取税务人员的合理解释，判断分析异常数据所承载的业务具体情况，进一步缩小疑点范围。

（二）审计机关“上下联动、分散核查”

根据轻重缓急、审计目标和审计力量，在纵向上，安排市、区两级审计人员联动参与；在横向上，安排相关科室在职责范围内落实核对，同时安排市、区、乡镇税务人员协同参与审计落实。

（三）严格落实责任

经检查落实没有发现税收违法事实的，应当在税收疑点待核表中说明检查内容、过程、事实情况，取得证明性材料，并由落实机构负责人审核签字。

四、开发税收信息数据的升值空间

（一）突破对国税部门监督的制度约束

按现行审级管辖权限，地方审计机关无权监督国税部门，在税收征管质量审计中，有针对性地查找国税部门在发票管理、所得税等涉税事项管理中存在的漏洞，并且以“审计建议书或审计移送书”的形式移交市国税局处理，要求在两个月内取得落实回复情况，撬动国税的征管和稽查，拓展对国税系统的监督渠道。

（二）配合其他专业审计提供涉税资料

利用纳税人信息，为预算执行审计提供疑点线索。代开票据系统整理出行政事业单位、协会团体、中介组织代开票据收款的记录，如带有“局、委、台、办公室、队、所”等字样的纳税人名称，根据缴纳的流转税或城建税倒推出其营业收入，为部门预算执行等其他项目审计及时提供线索，进而与财政部门专户资金收入比对，查出这些单位账面未反映或未提供的以各种形式隐瞒收入、私存私放等深层次问题。

利用个人所得税申报数据，为社保审计提供比对信息。对财政补助个人的各类社保、低保补贴、廉租住房补贴的享受人资格审查中，将缴纳个人所得税信息与享受资格比对，查出中高收入群体骗取财政补助的问题。

利用代开票据中“付款人名称”信息，查找小金库。筛选“付款方”为机关事业单位代开培训费、会议费的疑点信息，结合税收延伸审计，到“收款方”企业专项核实代开款项的账务处理及资金真实的流向，查找无真实业务背景、虚开发票套取资金的问题。如税收代开普通票据信息表中：“付款人名称”中有“×× 队”或“×× 所”，开票金额还较大，按现行的国库集中支付制度要求，该付款事项应通过财政直接支付。因此，审计将该付款人的信息与财政直接支付数据进行比对，结果未查到付款记录；随后，又与该单位财务核对，也未找到付款记录。这样通过从外围入手筛选核实、锁定疑点，最后查实上述款项从小金库支付或找企业摊派。

利用缴税数额信息，为金融审计锁定疑点提供支持。与税收部门征收信息比对，筛选出正常缴税企业或有缴税记录的企业作为延伸调查对象，其中重点延伸核实已被农信社核销贷款的企业，对拒不配合的移送公安经警处理。

在政府采购审计中的运用。利用收款人纳税信息与国库集中支付数据比对分析，揭露投标环节缺乏依法纳税审查机制的问题、个别企业伪造虚假发票、虚假代开票据向机关事业单位报账的问题，实现了精准审计。①将财政直接支付系统的数据，与税收部门的税收征收信息比对分析，发现部分供货商无税收纳税记录、税负偏低，个别供货商同一个经营实体以不同的企业名称投标。揭露了政府采购人或采购代理机构对供应商的资格审查机制不完善、缺乏依法纳税审查的问题。②分析筛选财政直接支付数据，将收款人与税收纳税人比对，发现大额收款未缴税的疑点线索，再进一步核实原因，如直接支付系统显示。

挖掘未申报或零申报信息。以上是利用各类缴税信息进行比对查找问题的思路，除此之外，审计人员进一步挖掘了未申报税金或零申报税金的信息价值，变废为宝。

（三）加大数据综合分析的力度

根据审计掌握的税收信息，研究财税政策，谋划增加地方财政收入的办法，促进政策完善。

加强税收总体结构分析，力促地方实现“结构性增收”。鉴于目前分税制的现状，围绕如何增加财政收入的目标，加大财税政策的研究力度，充分运用财税政策，做好税收筹划，在既不增加企业税收负担，在不违背现行政策的前提下，提出可操作性的审计建议，做到“善用政策活策略”，力争出台有利于提高当地财政收入占税收入库比重的管理办法。在税收总体增幅一定的情况下，实现地方财力的较大增长，在增速中求效益、求质量，向谋划运作要财力，在中央提出“结构性减税”的状况下，要力促实现“结构性增收”。

关注“营改增”后纳税地点的管控，防止税源流失。作为审计机关，审计局充分利用所掌握的情况，及时关注研究政策新动向，在正常的审计项目之外，结合审计积累的信息资料，开展“非审计项目下”的研究，主动推进审计供给侧结构性改革，提报高质量的审计成果，延伸“非现场审计模式”的过程及作用。

（四）深度融合职能优势，搭建管理监督共同体

为进一步加强法治政府建设，不断提高审计、税收依法行政水平，促进工作高质量开展，市审计局、市税收局创新监管方式，研究出台了《关于进一步加强税收审计工作协作的意见》，搭建管理监督共同体，深度融合税收征管和审计监督的职能优势。成立由双方单位主要负责人任组长，相关分管领导任副组长，有关科室负责人为成员的领导小组，负责对这项工作的组织领导。

五、税收征管质量非现场审计的成效

（一）扩大了审计面

非现场审计模式有效地推动了审计全覆盖。以前进行税收审计时，只是通过抽查来检查部分企业的纳税情况，现在以税收信息数据作为审计对象，涵盖了纳税人的全部申报信息，利用计算机可以对全市所有纳税人以及相关的纳税记录进行全面检查，审计覆盖面宽了，真正做到了“全面审计”，便于从“面上”把握总体状况，揭示“面上”存在的问题，从宏观层面上查找税收征管中存在的薄弱环节。

（二）提高了工作效率

利用数据进行非现场审计，审计效率倍增。实现审计手段从单项审计到信息系统审计、审计资源整合、海量数据审计的转变，增强了审计人员掌握信息技术的能力，做到业务经验与计算机运用能力的结合，既提高了审计工作的效率，又提升了审计人员的

能力素质。

（三）实现了“精准打击”

通过非现场审计，延伸更具针对性了。根据需要对数据灵活运用分类汇总进行筛选比对分析，科学地进行审计抽样，找出审计线索、确定审计重点，这比以前凭审计人员职业经验判断确定抽查纳税企业的做法，更加科学、合理、有效，延伸调查的针对性强，减少了审计的盲目性。

（四）提升了审计效果

通过开展征管质量非现场审计，审计成果更丰富了。改变了以往单纯通过延伸查补税款反证征管质量的做法，由查纳税人回归到查税务主管机关，更突出了“面上”的问题、政策执行方面的问题，全面实现了对税务机关执法行为、纳税人纳税申报的正面监督，审计报告质量高了。审计结果引起了税收部门领导的高度重视，分管局长、局长分别多次召集会议，研究落实审计发现问题的整改措施，促进了执法行为的规范。

（五）推动完善了制度

通过非现场审计模式，在掌控翔实的信息数据及高质量的审计报告的基础上，审计局及时整理开发审计成果，及时向市领导提报针对性强的审计报告、专报、信息，得到了市领导的肯定认可。在市政府每年召开的财税会议上，市领导原文宣读税收审计报告反映的问题。

第三节　非现场审计模式在民生工程审计中的应用

一、社会保障预算制度改革的审计策略

（一）关注社会保险基金预算的完整性、规范性

1. 社会保险基金预算编制情况

审查社会保险基金预算编制是否完整、合规，重点审查应纳入预算的基金未编入预算、未足额编制财政补助预算等影响预算的完整性和规范性问题。

2. 社会保险基金预算执行合法、合规情况

审查社会保险基金预算执行情况，揭示严重违反社保法规、财经法规和会计制度的问题。其中，对基本医疗保险基金预算执行情况进行重点审计，主要关注以下三点：一是社会保险基金收入的完整性。审查是否存在基金征缴不到位、违规减免社会保险费、压延资金、违规隐瞒欠费、擅自核销欠费等导致收入核算不完整的问题；检查城乡居民养老和医疗保险政府补贴标准是否符合相关规定、是否存在财政补助资金未足额拨付到位等问题。二是预算支出的真实性和合规性。审查是否存在挤占挪用、违规投资等导致

基金直接损失或潜在损失的问题；是否存在虚列支出、未按规定范围及标准支出，虚报冒领、弄虚作假套取社会保险金，以及不符合条件的人员享受待遇等问题。三是社会保险基金结余及保值增值情况。主要关注养老保险基金结余存放形态及收益等情况，检查是否存在未执行优惠利率的问题；检查农村合作医疗基金当年结余和累计结余所占比例是否符合规定，是否存在基本医疗保险基金等结余过大影响使用效益等问题。

（二）评估社会保险基金预算改革政策的执行情况

1. 特殊群体的社会保险政策执行情况

主要关注被征地农民、农民工、劳务派遣员工等特殊群体是否参加社会保险，是否按规定享受社会保险待遇，是否存在拖延参保、阻碍参保、截留保险金等问题。

2. 参保对象跨统筹地区流动和转移接续政策执行情况

主要关注养老、医疗、工伤、生育四项社会保险在跨区流动时是否能够顺利办理转移接续手续，办理手续时是否存在乱收费、故意降低参保待遇等问题。

3. 社会保险待遇差异造成的影响公平性问题

主要关注养老、医疗保险制度在城乡间的政策衔接是否顺畅，有无重复参保享受保险待遇等问题；关注失业、医疗保险政策衔接是否明确、合理，有无钻政策衔接“空子”享受保险待遇问题；关注养老保险制度改革中，地区间、城乡间、企业间养老待遇差异大等影响公平性的问题。

（三）助推社会保障预算改革的有效落实

1. 审计能够推动社会保险基金预算报检人审核

根据人民代表大会的监督（简称人大监督）防止国家在社会保险基金预算管理上的自主其政和去片面性，督促政府部门从股票基金可持续发展观视角创建公共性政府补贴社会保险基金的保障机制。

2. 审计能够推动社会保险基金提升综合级次

根据审计找到的地域间、人群之间财政局扶持力度和保险工资待遇差异较大等诸多问题，推动处理因区域经济发展不均衡而造成的保障水平不均衡问题。

3. 审计能够推动社会保险基金提升经营管理水平

通过对比基金投资运营方面存在的不足，搞清资金总量，保证资金账实相符，从综合级次、管理方法主体、经济环境、投资监管等角度来说，科学研究，推动有关部门从规章制度方面避开基金投资损害风险性，明确我国经营的主导性，如我国重点建设项目可发售专业面向社会保险基金的重点国债券，为社会保险基金资本增值开辟绿色通道政策。

4. 审计能够推动社会保险基金提升管理数字化、社会性水准

结合当前社会保险基金各自为政、信息内容独立等体系难题，社会保障审计能从

推动社保资金的安全性和规范化管理的视角，揭开问题与不良影响，明确提出厘清体制机制创新、标准组织机构、统一管理模式的审计提议；根据被审计地域市人民政府搞好公安机关、工商局、税收、民政部门等部门的融洽联络，充分收集各个部门有关基本信息，外部的剖析查验社会保险基金收入支出信息内容的正确性和完好性，运用信息化技术查验社保经办机构在申报、审核等各个环节上存有的疏忽，推动创建各类社保中间、社保与外部有关基本信息主管机构间的信息共享，健全社会保险基金收入与支出风险防控与控制体制；关心数字化管理环境下软件数据安全性、结构化分析预警信息的完整性和实效性，推动提升股权投资基金信息化程度；推动社会保险基金信息化管理公开全透明，提升股权投资基金的群众参与率和市场化程度。

5. 审计能够推动社会保障资金全方位列入预算

目前只有五项社会保险基金纳入了预算，有一半以上的社会保障资金尚未在统一的社会保障预算范围内。然而随着新农村、和谐社会建设的不断推进，农村的社会保障制度建设加速，农村社会养老、农村合作医疗、农村最低生活保障等制度的新建和重建，社会福利的大社会保障体系不断健全，各种贫弱群体的社会保障援助制度不断丰富。这些要求社会保障审计不仅要继续关注以养老、医疗、失业等为主的社会保险工作，而且要更加关注最低社会保障、就业援助、医疗救助、住房保障和伤残军人、社会残疾人、孤残儿童等特殊群体的救助和福利问题。因此，社会保障审计工作必须有计划、有步骤地开展。首先，拿出与财政部门相匹配的社会保险基金预算审计报告。接着，制订与社会保障资金预算相结合的审计规划和年度计划，实现对社会保障资金预算的编制、审批、执行、决算全过程审计，促进社会保障资金全面纳入统一、规范的社会保障预算。

二、养老保障制度改革的审计策略

（一）关注养老保险覆盖面

随着国有企业改革的不断深入，原有的企业职工身份发生了根本性的变化，职工在各种所有制企业之间的流动也随之增加。为了适应这一变化，减少参保人员的流失，把养老保险覆盖范围扩大到城镇所有经济单位已势在必行。对此，审计始终要把参保覆盖率作为一个审计监督重点，站在促进社会公平性角度，重点关注弱势、特殊群体的养老保障问题，努力扩大养老保险范围，为提升养老保险覆盖率发挥建设性作用。

（二）关注个人账户做实情况

创建并做实社会养老保险个人账户是我国应对老龄化社会发展挑战的战略抉择。财务审计应依据所在地区做实个人账户整体情况，确立上级领导下发的详细总体目标，核查所在地区做实个人账户的完成经营规模，核查个人账户的做实是不是按流程、按要求持续推进和相关计提比例、计提数量是否符合要求等，保证个人账户做实及时，进而逐渐消解空账空缺，完成养老基金的安全可靠运行。与此同时，重点关注个人账户运作中出现的关键阻碍，关心体制机制创新难题，如地方财政补贴落实不到位、股票基金管理不到位、示范点现行政策制度不健全等诸多问题。

（三）关注养老保险待遇调整

审计应关注基础养老金最低标准正常调整机制是否得到合理有效的贯彻落实。城乡居民养老保险待遇由基础养老金和个人账户养老金构成，支付参保居民老年生活。关注养老金的调整是否兼顾国家社会经济发展与参保居民合理享受保险待遇的需求，是否能够处理好当前与未来之间的关系，保持基金的长期平衡。

（四）关注养老保险转移接续

审计应重点关注参保人员在缴费期间户籍迁移、需要跨地区转移城乡居民养老保险关系情况，分析和评估城乡居民养老保险制度与职工基本养老保险、城乡居民最低生活保障、农村“五保”供养等养老保障制度的衔接落实情况，为促进城乡养老保障制度全覆盖和手续转移接续改革提供有效建议。

（五）关注养老保险统筹级次

在推进基本养老保险全国统筹的改革背景下，审计应着重关注以下问题：一是缴费比例和基数问题，了解区域保障水平差异问题，深入分析保障政策差异，促进各地保险待遇和财政负担的相对公平。二是预算管理和激励约束机制的完善。审计应跟踪基本养老保险实现全国统筹的具体改革步骤，关注是否建立和完善具有强制约束力的养老保险预算管理机制和激励约束机制，由中央、地方和统筹基金按照一定比例共同承担，制定统一的缺口补助财政分担计算办法，实行差别化政策。三是基本养老保险实现全国统筹的困难根源和障碍。审计应分析、揭示全国统筹难的根本原因、制度原因、经济原因，推动基本养老保险全国统筹的改革举措积极稳妥实施。

（六）关注养老保险基金的支付安全

养老基金的安全性信息始终都是审计行政机关审计的核心。关心股权投资基金情况及基金投资运营业绩考核，保证股票基金社会化、多元化战略运营安全可靠。关注被审计公司缴纳社保职工数量和缴费工资数量是否准确，有无谎报、少报现象及其领取养老保险待遇总数、标准是否属实、精确，有无谎报、冒领和骗领待遇个人行为。对于全国各地经常出现的提前退休政策难题，一方面，让广大群众掌握离休问题权威性和提前退休政策的危害性；另一方面，提升职工退休审批相关工作的管理方法，特别是应加强职工患病或非因工伤残、完全丧失劳动能力的评定与对特殊工种退休的监管，对违规提前退休政策的现象果断给予劝阻。

（七）关注养老服务社会化进程

审计应有计划、有重点地开展养老服务事业发展资金建设与运行情况审计，关注养老服务社会化建设情况。一是重点关注养老机构统筹规划情况，财政资金投入养老机构建设情况，养老机构建设、分布、运营、监督检查情况。检查是否存在养老设施和服务制度不够健全、养老机构规划建设不足、分布不均、运营困难，难以满足现实需要等问题。推进养老服务机构建设，促进建立与经济社会发展相适应的养老服务体系。二是重点关注养老服务政策制定和执行情况，项目申报和审核情况，资金拨付和使用管理情况，管理部门职责履行情况，绩效管理和监督检查情况。检查是否存在资金管理上重复申报、项目内容不细化、配套资金不足、市与区县事权关系不清晰问题，资金使用中拨付进度晚、统筹不够、未按规定履行财政评审或政府采购相关程序、挪用浪费等问题。重点评价养老专项资金投入对当地加强政策性引导、努力搭建社会养老平台、积极发挥社会力量解决养老问题所产生的作用。提高专项资金使用效益，促进完善养老服务体系，提高养老服务水平。

三、全民医疗保障体系改革的审计策略

（一）跟踪审计医疗保障改革相关财政资金

1. 开展对医疗卫生预算分配情况的审计

编制科学合理的预算是医药卫生体制改革顺利实施的重要保障。审计应关注医疗卫生预算是否合理，卫生资金的投入总量与结构、项目设立内容与政策目标以及资金投向，是否符合国家深化医药卫生体制改革的要求和目标，项目设立是否体现了国家医药卫生体制改革投入的财政政策，是否具有执行的条件和能力，以促进科学合理地分配医药卫生体制改革任务和编制资金预算，细化项目和资金列支，适当整合重大公共卫生服务项目，提高项目的针对性和有效性。

2. 开展对医疗保障改革财政资金拨付情况的审计

审计应关注补助地方的医药卫生体制改革基本建设项目、重大专项、农村合作医疗、基本公共卫生等医药卫生体制改革资金，审查年度预算指标是否及时告知或下达到下级财政部门或预算执行单位，资金是否及时、足额下达到位，资金拨付与任务进度是否紧密结合，促进医药卫生体制改革资金真正到达最终的使用者。

3. 开展对重点公立医院改革专项管理情况的审计

审计应审核重点公立医院改革项目立项是否经过专家评审，参与分配公立医院改革转移支付资金的相关部门是否制定了项目管理办法、是否建立预算执行责任制度、是否开展资金绩效评价等，促进项目管理单位加强对项目的前期论证，制定和完善项目管理办法，建立绩效考评并将考核结果与下年度预算资金分配挂钩，推进项目的科学化、精细化管理，确保医药卫生体制改革资金投入与使用的安全、有效。

（二）关注医疗保障改革政策落实及其效果

近期，国务院以及公共财政、国家发展和改革委员会、卫生健康局、人力资源和社会保障部等部委，相继发布了多项关于医药卫生体制改革的政策措施，明确了医药卫

生体制改革的要求和目标，指出如何建立医药卫生体制改革相关制度机制，制订各项工作实施方案。审计机关要及时对医药卫生体制改革政策落实情况进行审计，重点关注医疗保险支付改革和公立医院改革举措落实情况，揭示实施进程中的困难、问题，深刻分析产生问题的原因，向有关部门提出可行性建议，促进各项医药卫生体制改革政策得到全面贯彻落实，推进医疗保障体制机制创新与政策完善。

（三）关注医药卫生信息化管理情况

医药卫生信息化是深化医药卫生体制改革，促进卫生事业科学发展、实现人人享有基本医疗卫生服务目标的重要支撑。近年来，中央财政投入了近百亿元来推进民生信息化建设。全国近半数电子健康档案的建档率超过了 90%，所有的三甲级医院基本都已实现院内信息共享。中国的医疗正在迈入“大数据”时代。随着医院信息化建设水平的提高，审计应积极开展医院信息系统审计，关注医院收费系统、财务处理系统、电子病历系统、药库设备管理系统等构成医院数字化管理的网络体系，对财务电子数据和业务电子数据（包括从外单位获取电子数据）进行综合分析查询比对，充分运用计算机辅助审计手段发现审计疑点，获取审计证据，揭示基层医院管理的普遍性问题，分析医院管理的深层次体制机制原因，从而提交具有指导性和参考价值的医院审计报告。

（四）开展重点专题、专项绩效审计（审计调查）

医疗保障改革事关民生福祉，审计应关注医药卫生体制改革在保基本、强基层、建机制的社会效果，创新审计监督方式方法，开展重点专题审计、专项审计调查、专项绩效审计，更好地回应民众关切。对于社会关注的看病难、看病贵，以及公立医院改革中社会极为关注的药品价格、医疗设备使用绩效、处方科学合理性、病人实际报销比率等，审计机关应有计划、有组织、有步骤地组织专题、专项绩效审计（调查），探索以专题性绩效审计（调查）形式开展全国性的大项目，从点到面，真正全面摸清医药卫生体制改革的实施情况，对医药卫生体制改革政策的执行情况作出独立、客观的审计评价，促进医疗机构充分发挥公益服务功能，为审计服务国家医疗体制改革发挥建设性作用。

当前，各地改革进展仍不平衡，一些地方医药卫生体制改革政策和资金落实不到位，机制建设相对滞后等现象仍然普遍存在。

四、住房保障体系改革的审计策略

（一）评价住房保障配套支持政策的执行情况

1. 从保障性安居工程土地方法下手，关心土地出让配套措施情况

重点关注用地审批是否规范，核查商业用地批示是不是违反规定，商业用地是否满足节约原则，是不是依据保障性安居工程住宅年度工作计划开展开店选址，贯彻落实基本建设土地和建设规划，通过上述情况点评用地的合理性和合规性。

2. 税金支撑点配套措施

重点关注当地政府是不是在明确的规定中要求税金大力支持和信贷适用优惠政策，是否存在运用非公事公办等方式获得保障性安居工程公积金房贷，工程项目是不是享受免税增值税、房地产税、城镇土地使用税、土地增值税、合同印花税或减半征收等税款优惠政策，是不是享受免缴大城市基础设施配套费等各类行政事业性收费和政府性基金等优惠政策；当地政府是不是违反规定减少土地出让收入或违反规定退还。通过上述情况点评税金支撑点配套措施的落实情况。

3. 信贷适用配套措施

重点关注本年度建设规划、回赎、四证等相关资料是不是齐全有效，专用存款账户是不是开设，项目资本金是不是到位；当地政府合同类型和第一还款来源是不是合规管理，能不能清偿债务，融资风险是不是比较严重；工程项目的借款是不是享受信贷年利率优惠政策，不符合条件的房地产业开发新项目是不是违反规定享有信贷优惠政策。通过上述情况点评信贷适用配套措施的落实情况。

（二）关注资金筹集与管理情况

1. 资金管理方法所使用的规范化

查验资金分派、拨款和应用情况，核查保障性安居工程的拆迁补偿安置价钱是不是依照政府公文所规定的定价标准实行，关键揭示占用侵吞保障性安居工程资金，无根据分派、滞拨、截流和闲置不用财政补助资金等资金使用不规范、经济效益低的难题。对利用公积金贷款适用保障性安居工程基本建设项目，关心公积金新项目贷款主体和适用范围是不是符合要求。

2. 资金筹集的完好性

查验地市政府及有关部门是不是按规定的渠道规定全额计划和筹集资金，银行借款和公司债券等社会融资方案是不是贯彻落实，关键揭示资金投入不够、违反规定扣除税金、拉高资金成本等资金筹集落实不到位、不合规甚至影响工程建设进度问题。

（三）关注土地供应和项目建设情况

1. 土地供应的合规性

审查是否保证保障性安居工程建设用地，土地供应后是否按规定用途使用，是否存在擅自改变土地性质和用途用于商业开发等问题。

2. 工程建设项目的合法性、合理性

检查项目投资决策和设计方案是否科学合理，在选址布局上是否存在地址偏远、交通不便、生活成本增加等问题，住房的户均面积、建设标准是否符合控制范围，是否建立了公共服务设施和商业设施。工程建设项目的立项、规划、设计是否严格按照程序上报并经有关部门批准，工程项目是否实行了招投标和按规定开展了项目监理，检查施

工管理的各项内控制度是否健全，工程价款结算、设计和监理收费是否真实、合法、合理，是否存在弄虚作假、偷工减料等问题。

（四）关注住房管理和分配情况

1. 住房分配公平性

重点检查保障性安居工程住房准入审核制度是否完善，准入标准是否明确，具体标准是否科学并定期调整，是否建立健全了信息共享、部门联动的审查机制。检查住房申请、审批、公示、轮候、复核等分配流程是否规范，是否建立健全了多部门信息共享的住房、收入等家庭经济状况核查机制，是否制定了有效的住房退出管理办法，是否进行了严格的资格审查，真正做到公开、公正、公平和透明。

2. 住房管理情况

检查已竣工的保障性安居工程住房使用和产权管理情况，揭示建设、管理等单位或保障对象将保障性住房出售、转借、出租、用于商业经营、办公宿舍等违规处置和挪作他用问题，以及各种原因造成保障性住房长期空置甚至损失浪费的问题。

（五）关注棚户区改造安置情况

1. 政府关于城市棚户区改造规划制定、实施情况

政府是否编制棚户区改造规划，并落实年度建设计划，政府是否合理界定城市棚户区具体改造范围，在项目实施过程中是否存在恶意拆除或损毁文物保护建筑等违规行为，重点揭示违规将因城市道路拓展、历史街区保护、文物修缮等带来的房屋拆迁改造项目纳入城市棚户区改造范围，借棚户区改造政策搞商业地产开发和建设福利性住房等违反棚户区改造政策初衷和影响房地产调控效果的问题。

2. 棚户区改造拆迁安置情况审计

棚户区改造拆迁安置资格审批依据是否真实、合法，对改造对象的补偿安置是否公平合理，对经济困难、无力购买安置住房的棚户区居民家庭是否按规定提供基本住房保障，揭露以化公为私、内外勾结、胁迫欺骗、虚构编造、突击新建等手段非法获取拆迁安置资格、骗取拆迁补偿款和安置住房问题，以贿赂、利益输送、价值虚估等手段牟取私利问题，以及拆迁公司等单位或个人非法截留侵占拆迁补偿款、强拆强迁等侵害棚户区改造对象合法权益，甚至造成不必要事件的问题。

（六）关注住房公积金制度运行效果

财务审计关注住房公积金安全性合理合法前提下，关键开展住房公积金信息系统财务审计和经济效益审计，关心住房公积金规章制度的运转实际效果。通过调研住房公积金信息系统基本建设、使用和运维管理状况，并对运作安全性、管理的规范化作出评价；根据调查分析住房公积金的运行情况，揭示现行制度适用城乡居民改善住房条件的政策效应没有得到充分运用，存有不公平、民生工程不到位情况，明确提出完善和改善

规章制度的意见。根据调查分析住房公积金信贷业务的开展及风险防控、国债投资、增值收益分派等，点评住房公积金的资金效益，揭示巨大损失浪费和占用侵吞等因素资金效益的问题，减少因管理决策不合理等问题而带来的损失浪费，促进其规范管理、提高产量。

（七）关注住房保障信息系统建设运行情况

审计应密切关注即将推行的不动产登记条例、信用制度、房产税征收制度等改革办法的出台及其执行情况，结合对保障性住房信息系统的审计监督，促进住房保障管理信息化、规范化。重点关注信息系统是否将每个保障性住房项目纳入系统，纳入系统的项目是否储存了整个进展情况的动态详细信息，分配名单是否可以和住房、公积金、工商、车辆、所得税、社保、不动产信息等数据进行比对，是否建立了“黑名单”库，是否建立了规范的退出管理机制等。以此，评价住房保障信息系统运行的有效性。

五、城乡最低生活保障制度改革的审计策略

（一）评估改革配套政策的执行情况

审计机关需要重点追踪最新法律法规，例如《社会发展救助暂行规定》正式施行，将低保政策、特困人员供养、受灾工作人员救助、诊疗救助、文化教育救助、住宅救助、学生就业救助和临时性救助 8 项规章制度及其社会力量参加作为核心内容，各自设专章给予标准，是持续深化我国社会保障制度改革的一项重要举措。审计机关要重点围绕这种最新改革创新政策措施开展工程审计，及早发现体制机制创新制度问题，尽早促进制定或健全地区社会发展救助政策法规、政府规章和行政规章，推动早日产生较为系统健全、好用的社会发展救助管理制度体系。重点关注最低生活保障政策、制度执行情况，特别是主管机构和经办人员对最低生活保障制度执行情况，是否存在由于理解偏差而导致决策失误或政策执行不到位的问题。同时，深入分析政策执行不力的内在原因。关注城乡最低生活保障制度体系的建立健全情况。审查是否已经制定了完善的城乡居民最低生活保障制度，包括最低生活保障的对象范围、保障标准、申请审批程序、资金筹集渠道，以及最低生活保障家庭收入核定方法等方面的制度；城乡最低生活保障制度是否与扶贫开发、医疗保险、养老保险、失业保险等其他社会保障政策措施相衔接，发挥了政策合力。

（二）关注最低生活保障资金的管理监督情况

加强对最低生活保障资金筹集与管理情况的审计监督，重点关注最低生活保障资金总体规模情况、资金来源渠道、构成以及拨付使用方向。审查最低生活保障资金的财政投入情况，各级政府是否按照规定的分担和配套比例，在预算中足额安排本级财政应负担的最低生活保障资金，有无配套不到位或虚假配套问题。严格揭露截留、挤占、挪用、私分最低生活保障资金等行为，保证资金不流失。审查申请流程和审核审批程序，

保证对象的审核、审定的准确性，关注“漏保”“骗保”等问题，确保资金使用公正、合理、合法。

六、创新社会保障审计的方式方法

随着社会保障的变革与发展，社会保障审计的生活环境发生了很大的变化：一是五项社保已广泛完成数字化管理，社会福利、保障性住房等其他社会保障也基本完成电脑管理，无论是财务还是业务数据，传统纸版媒介材料占比越来越低。二是社会保障工作和财政局、环境卫生、住宅、工商局、公安机关等有关部门关联系数越来越大，财务和业务数据已不再是单系统软件的详细体现。三是社会保障资金管理方法，社会保障规章制度设计和实行涉及单位越来越多，部门间协调工作的功效越来越大。四是社会保障管理体系持续完善，审计范畴不断发展，审计要求不断增长，而审计效率短时间内无法得到一定提升。

国家社会保障审计工作如何适应上述变化，构建什么样的组织模式才能实现对社会保障资金全方位的监督，亟须国家审计机关制定社会保障审计发展规划、重要事项轮审计划、年度审计计划，对社会保障审计工作加以整体谋划和具体指导。同时，又应不断研究探索新的审计方式方法，调动审计署和地方审计机关形成合力、发挥整体效能，推动社会保障审计工作向纵深发展。

（一）实施大项目审计组织管理模式

从全国社会保障审计来看，实施大项目组织管理模式是非常重要的审计组织方式。从地方社会保障审计来看，大项目组织管理模式一样可以在各省级范围内使用，按照统一原则，采用“同级审”和“上审下”相结合的组织方式。大项目组织管理模式充分调动了各级审计机关的积极性，各单位主要负责同志亲自负责此次审计的组织管理与沟通协调，普遍采取“上审下”“交叉审”或“统一组成审计组”的方式开展审计，有力地保障了审计的独立性，审计结果更加客观真实，审计机关的整体战斗能力和审计人员的综合业务素质得到锻炼提高。

（二）实施社会保障数字化审计

适应信息化发展特点，社会保障审计组织方式和技术方法也要及时调整创新。近几年来，大项目普遍搭建起信息化管理指挥平台，开创了社会保障审计项目的信息化管理方式；积极探索构建社会保险基金预算审计平台，建立全国社会保障审计数据库；积极开展联网审计、远程审计，集中数据分析后再有针对性地开展延伸审计。

在全国社会保障大项目审计中，探索出一种信息化指挥管理的新模式。为了实现对全国社会保障审计项目的统一、高效组织管理，审计署和各级审计机关都专门成立了信息技术保障组，以“金审工程”为依托，搭建了以统一组织项目管理软件和安全客户端应用为核心，以腾讯通软件（RTX）为辅助，以各省信息化平台为延伸的覆盖全国的项目管理平台，并通过平台上传和下载审计资料，确保了指挥顺畅和上下级审计机关以及各审计组内部人员之间的信息沟通，实现了项目管理的信息化和网络化。审计署编发的通知、工作动态、经验交流以及其他文件资料，通过统一组织项目管理软件不定期发布，各省级审计组安排专人每天至少三次登录该平台，及时接收相关资料，并定期将本单位所负责管辖地区的审计工作开展情况、审计发现的重要审计情况、经验总结等信息资料上传至该平台，报送审计署。审计期间各地通过统一组织项目管理软件报送工作动态及其他信息，方便快捷地实现了信息化条件下统一组织审计项目的有效组织管理，成功实现了审计署与各地审计组的及时交流互动，加强了审计机关内部的沟通、协调和合作，在把握全国审计工作进度、提升审计质量等方面发挥了重要作用，有力地保障了审计项目顺利实施。

社会保障审计技术方法也随着社会保障信息化管理不断创新。社会保障业务拥有涉及 10 多亿人的海量数据，传统的手工审计模式已经不适应社会保障审计的需要，如果不运用计算机技术，审计将无法开展。在全国社会保障资金审计中，把计算机技术与审计实践相融合，打破地域限制、部门限制和信息系统限制，建立了社会保障资金基础数据库和审计实施方案附表数据库（其中的社会保障资金基础数据库在全国尚属首个跨平台的综合业务数据库），采取预先设定和动态开发政策分析模型，集中分析、分散核查的分析检查方法，广泛开展数据关联比对分析等综合运用数据挖掘、多维数据分析的信息技术对海量数据进行深入分析运用，我们将其总结为“采集数据、集中分析、发现疑点、精确定位、分散核实、系统研究”的数字化审计方式。另外，审计方案表格化，通过设计内容翔实、逻辑严密的整套审计报表，各审计组填写后，在数据对比分析和审核报告报表中，可直接发现大量的问题，也能发现一些综合性、复杂性的问题，大大提高审计的工作效率。这些审计方式、方法，既为全国社会保障资金审计的顺利实施发挥了重要支撑，也为审计服务国家治理提供了高质量的信息和有价值的建议。

但是，由于目前我国没有建立大数据信息网络共享机制，社会保障管理职能分散，相关参保居民信息资源的不共享，尤其是税务、公安、银行等部门数据采集非常困难，社保、卫生、民政等主要管理部门信息化管理水平差异明显，直接影响了这种数字化审计方式的效率和精确度。从一定意义上讲，整个国家大数据系统和国民信用体系的建立是社会保障改革发展和国家治理现代化的重要基础，因此，这也成为当前社会保障审计重点推动改革的重要方面。

（三）重点开展专项绩效审计

因为缺乏顶层设计，在我国社会保障规章制度一直以来采用分群体设计方案、分部门监管、分地域执行的形式，这样的做法尽管促进了社会保障规章制度的高效创建，但是随着改革的深入和城镇化建设进程的加快，人口流动规模不断扩大，管理制度对接不足及其规章制度分散化、交叉式等缺陷慢慢显出，能否通过审计科学、进一步地明确提出具备目的性、可执行性和超前的审计提议，推动、完善、健全社会保障管理制度体系，为社会保障改革和国家治理给予有意义的决策参考，是社会保障审计工作中的真实意义所在。社会保障审计应以创新社会保障改革和国家治理为主要目标，把理论基础研究与审计实践活动紧密结合，在审深、审透上下功夫，探寻一条科研型重点业绩考核审计的新路子。

参考文献

[1] 成凤艳，秦桂莲，秦佳佟．审计 [M]. 北京：北京理工大学出版社，2017.

[2] 韩开军，张洪浩．审计 [M]. 北京：北京理工大学出版社，2017.

[3] 门韶娟，陈蕾，姜欣．审计 [M]. 沈阳：东北财经大学出版社，2017.

[4] 刘明辉，史德刚．审计 [M]. 大连：东北财经大学出版社，2017.

[5] 邹德军．审计基础 [M]. 北京：北京理工大学出版社，2017.

[6] 敖世友，陈倩．审计学 [M]. 成都：四川大学出版社，2017.

[7] 夏迎峰，刘会敏．审计学 [M]. 北京：北京理工大学出版社，2017.

[8] 杨华，赖金明．审计实务 [M]. 大连：东北财经大学出版社，2017.

[9] 李冬辉．政府审计 [M]. 北京：中国铁道出版社，2017.

[10] 秦荣生．现代内部审计学 [M]. 上海：立信会计出版社，2017.

[11] 刘媛．审计学 [M]. 北京：中国商务出版社，2018.

[12] 郑艳秋，蒲春燕．审计学 [M]. 北京：北京理工大学出版社，2018.

[13] 饶翠华．审计学 [M]. 武汉：武汉大学出版社，2018.

[14] 郭瑛，柴沛晨，朱克君．审计学 [M]. 成都：四川大学出版社，2018.

[15] 张永国．财务审计 [M]. 大连：东北财经大学出版社，2018.

[16] 周中胜．审计学 [M]. 苏州：苏州大学出版社，2018.

[17] 陈力生，杨罡，马佳易．审计学 [M]. 上海：立信会计出版社，2018.

[18] 徐筱凤，李寿喜．现代审计学（第 3 版）[M]. 上海：复旦大学出版社，2018.

[19] 张炳辉．金融安全审计 [M]. 北京：中国金融出版社，2018.

[20] 王秋燕，刘萍．审计学原理 [M]. 哈尔滨：哈尔滨工业大学出版社，2018.

[21] 赵庆华，余璠璟，邵荣庆．工程审计 [M]. 北京：机械工业出版社，2019.

[22] 张立焕．审计学 [M]. 上海：上海财经大学出版社，2019.

[23] 李凤．审计实务 [M]. 成都：电子科技大学出版社，2019.

[24] 张庆丰．审计实务 [M]. 郑州：河南科学技术出版社，2019.

[25] 叶陈刚，李洪，张岩．审计学 [M]. 北京：机械工业出版社，2019.

[26] 王砚书，刘洪锋，武侠．审计学 [M]. 大连：东北财经大学出版社，2019.

[27] 李凤鸣．审计学原理（第 6 版）[M]. 上海：复旦大学出版社，2019.

[28] 司浩婷，夏志勤．审计原理与实务 [M]. 哈尔滨：东北林业大学出版社，2019.

[29] 许荣利．非现场审计模式研究 [M]. 北京：中国时代经济出版社，2019.

[30] 李国有．金融机构业务审计定性处理处罚依据 [M]. 北京：中国时代经济出版社，2019.

[31] 秦荣生．现代内部审计学（第 2 版）[M]. 上海：立信会计出版社，2019.